I0477575

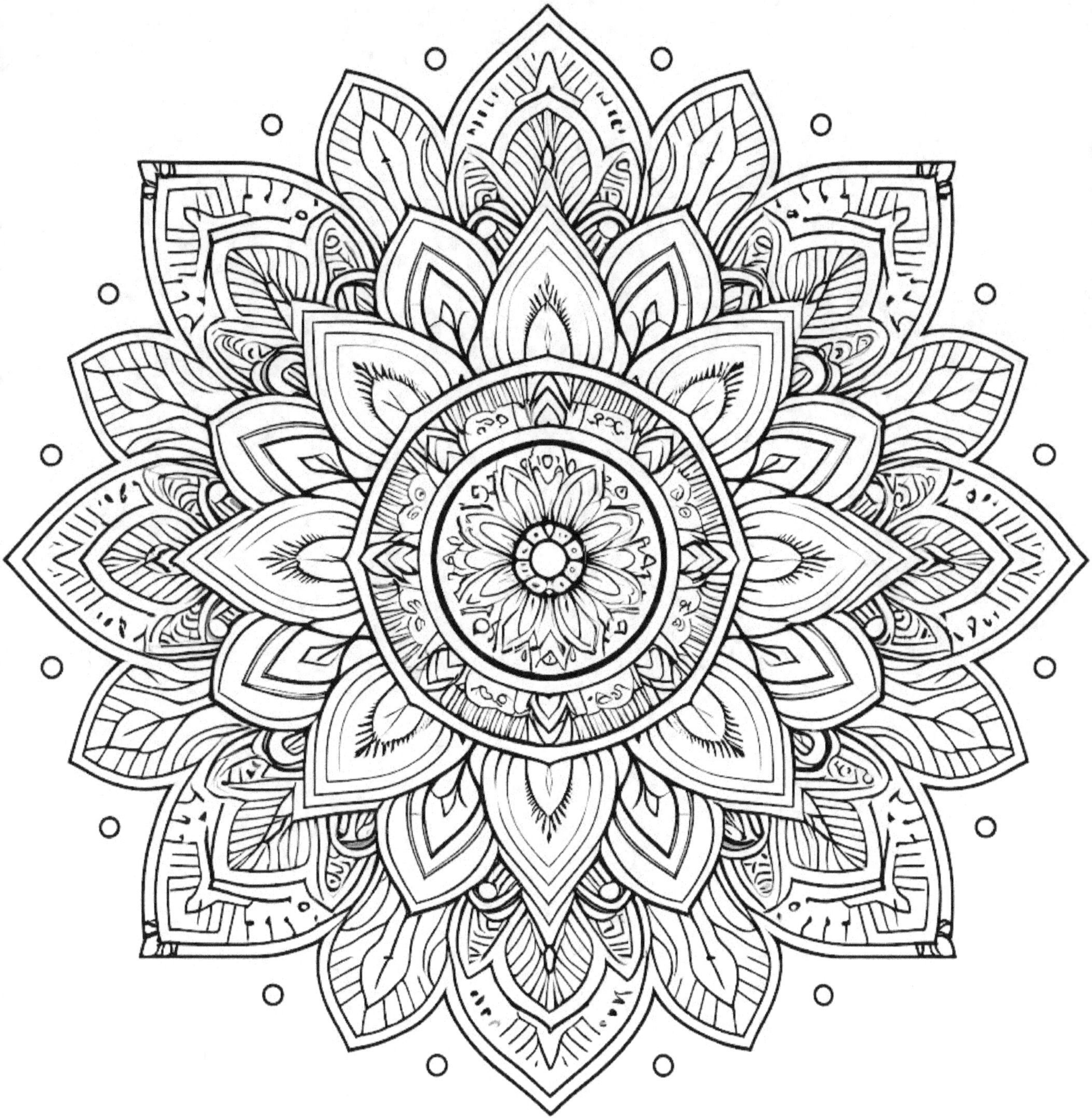

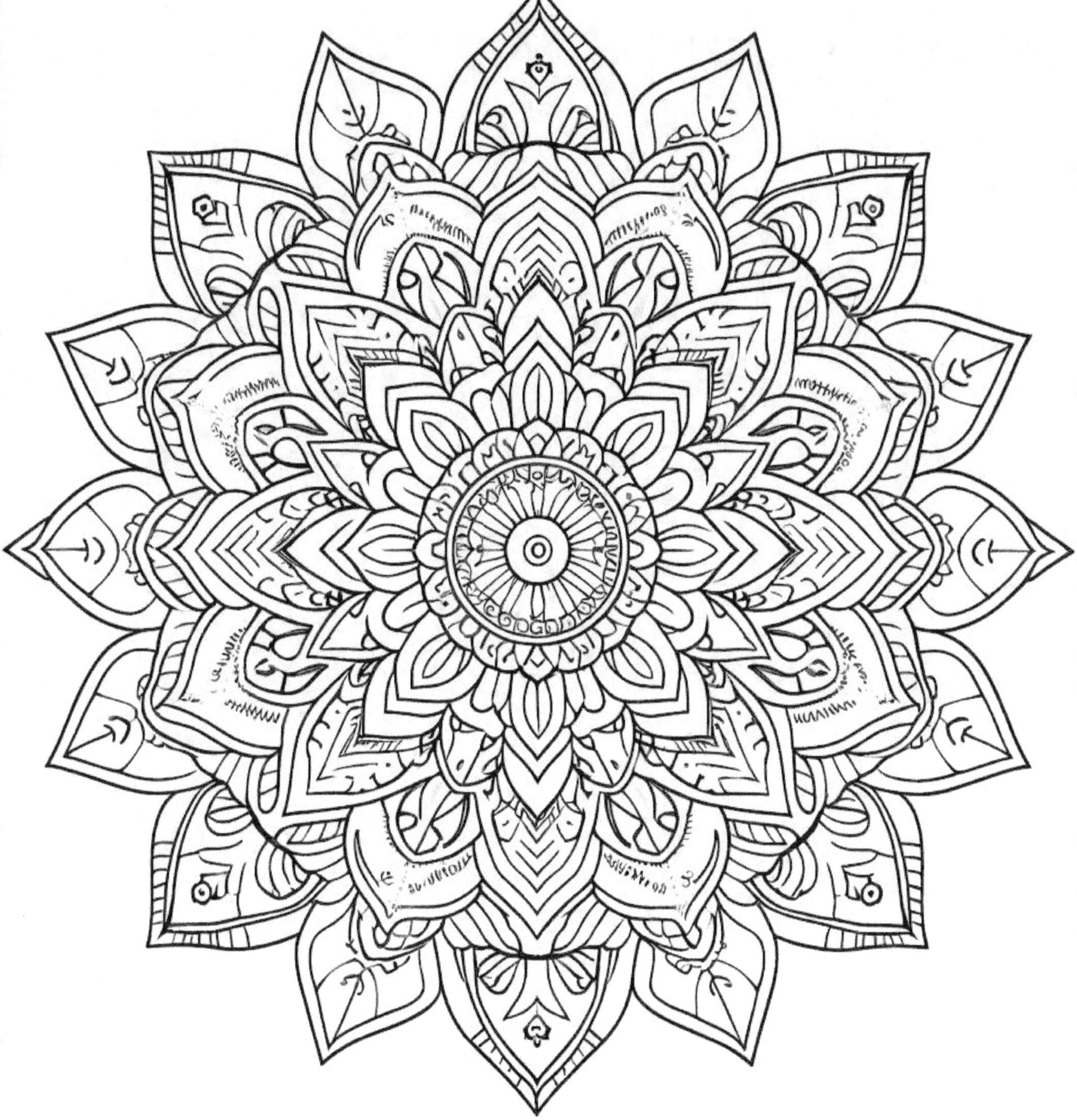

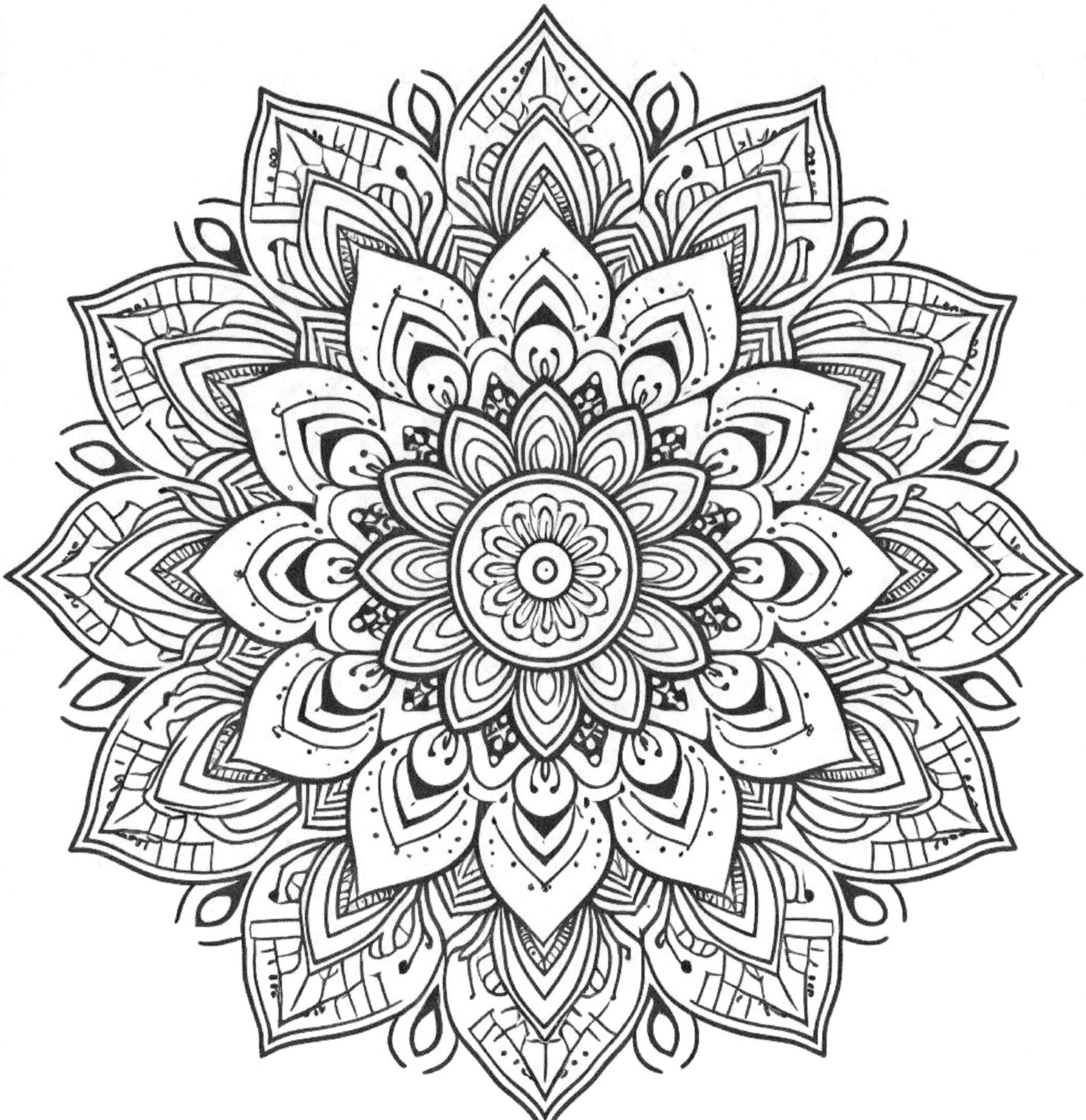

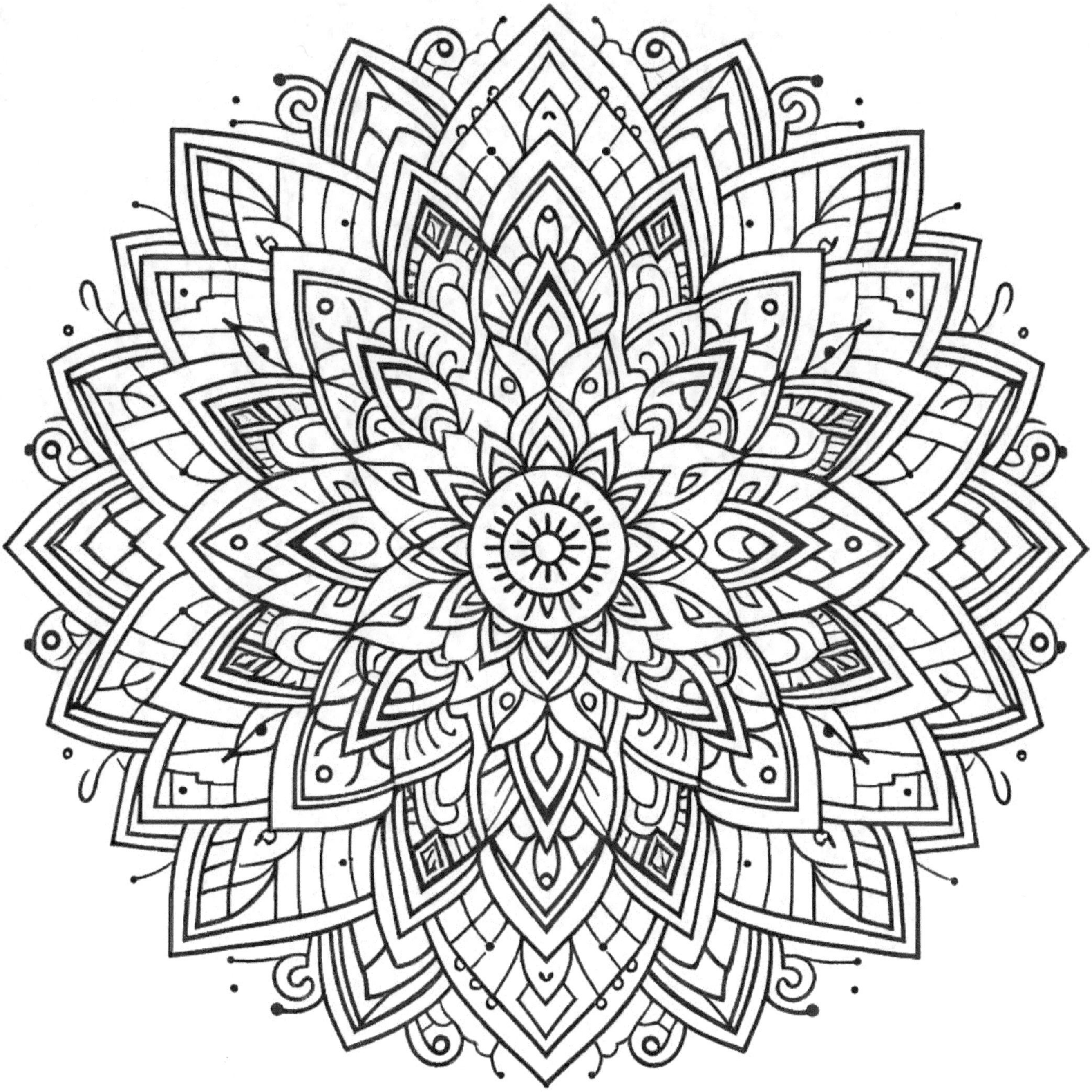

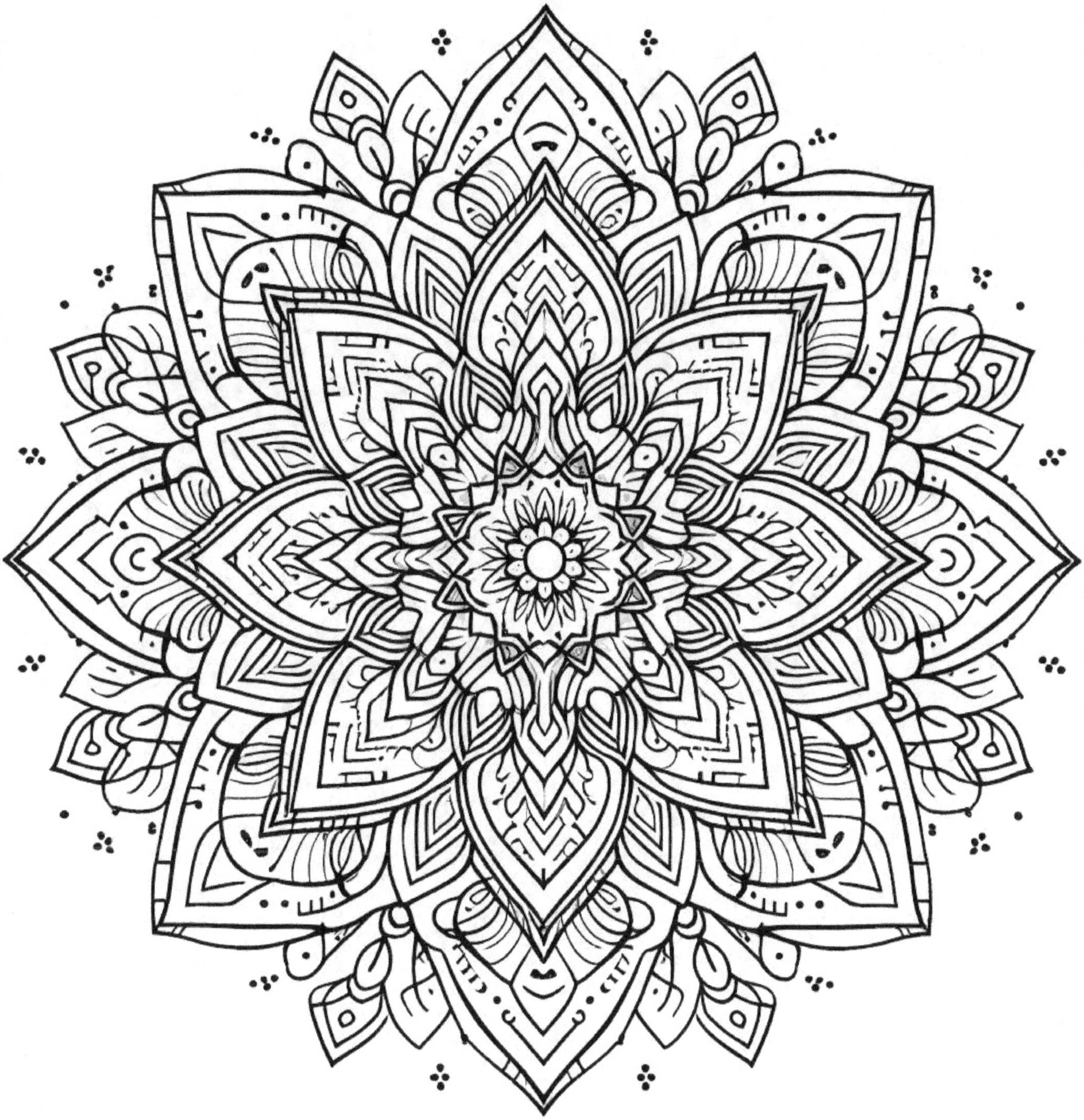

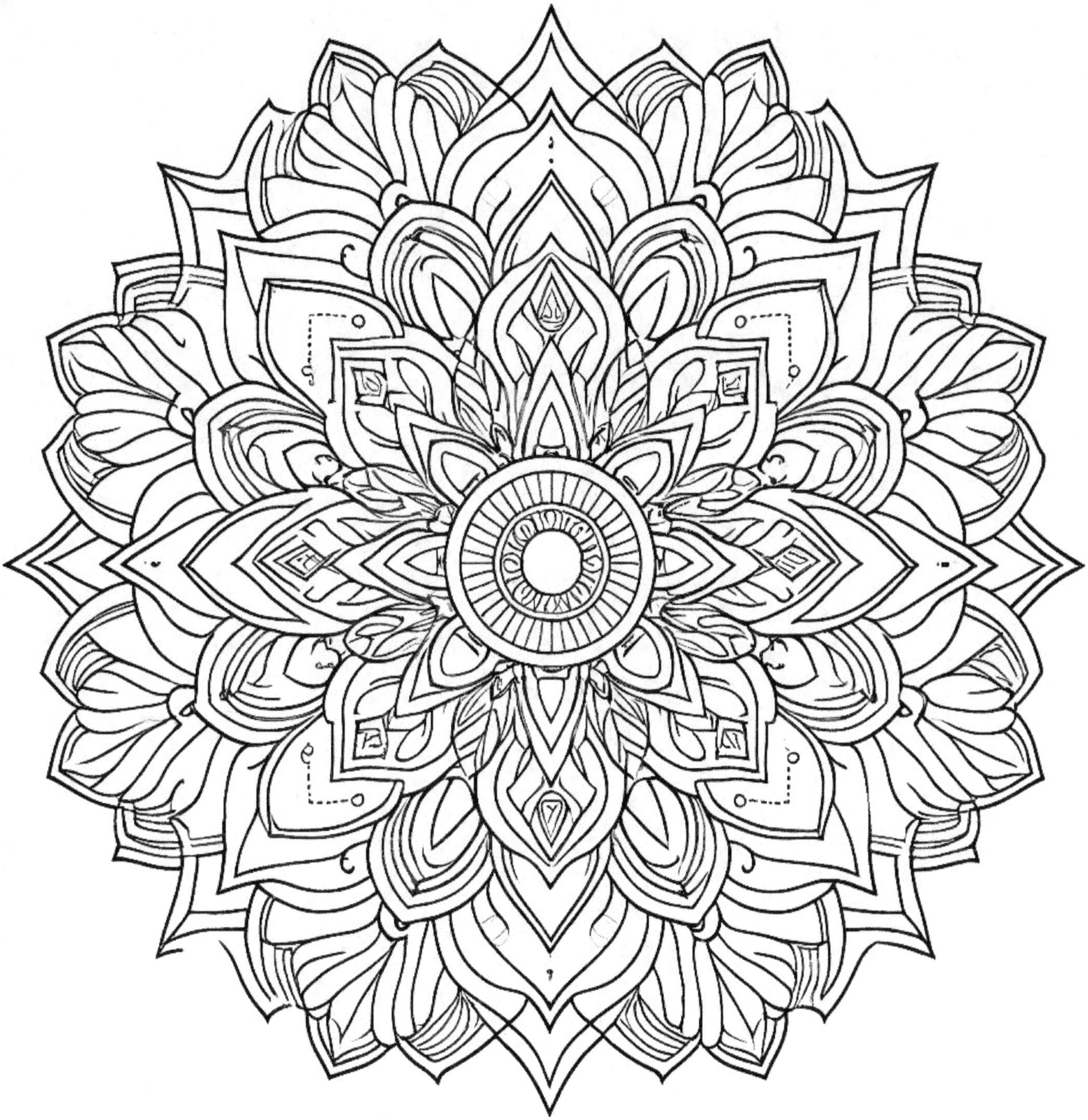

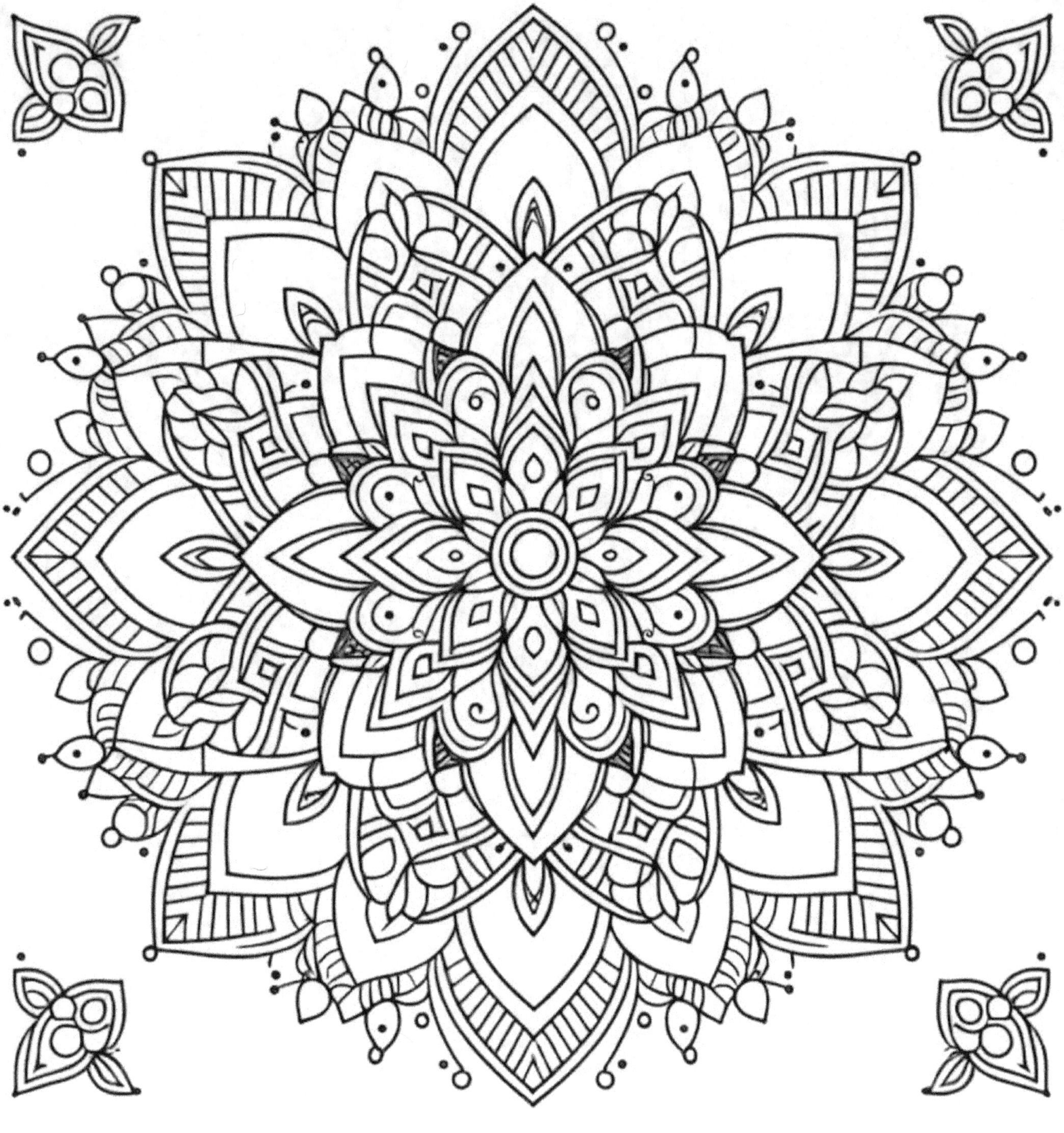

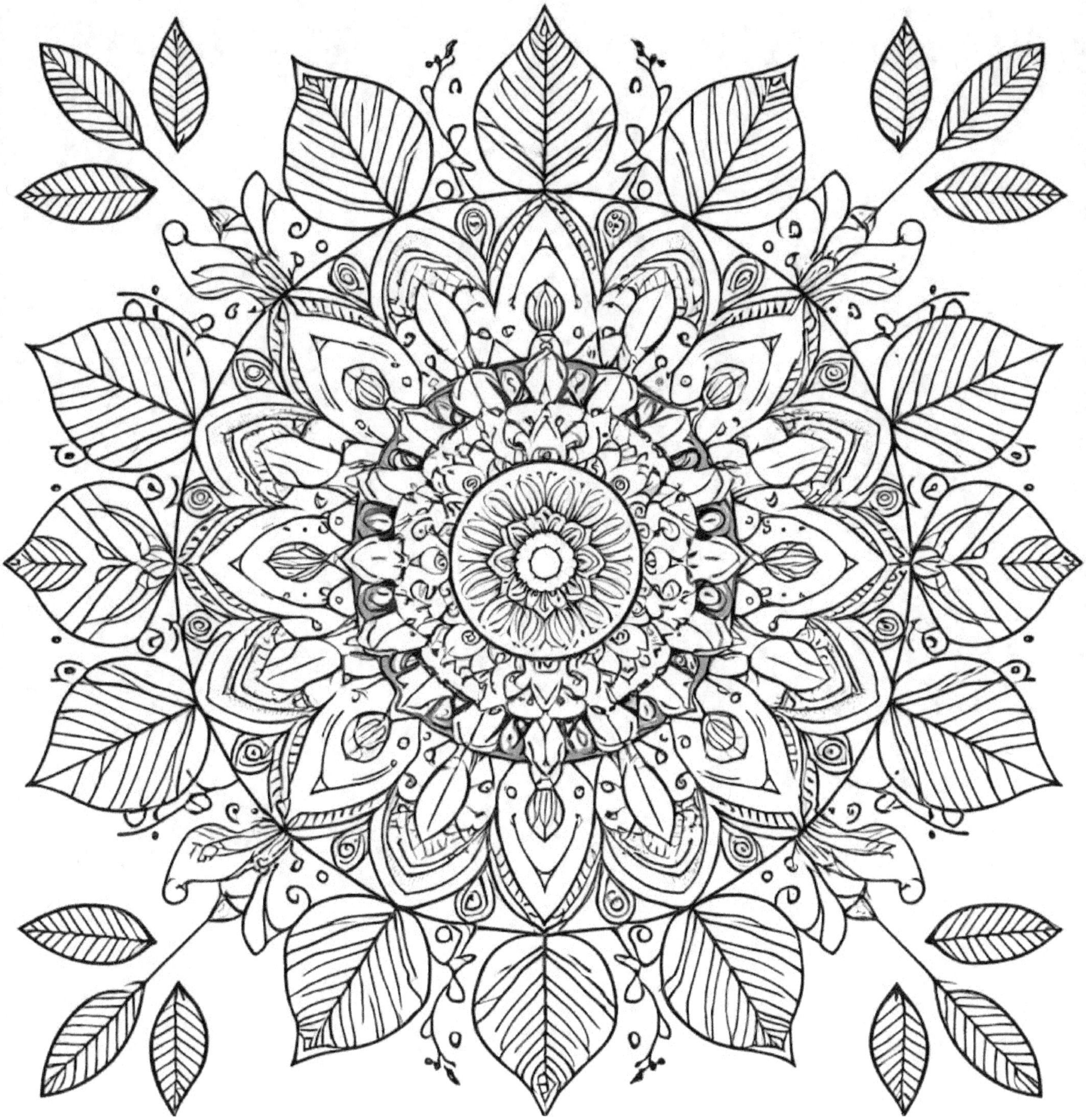

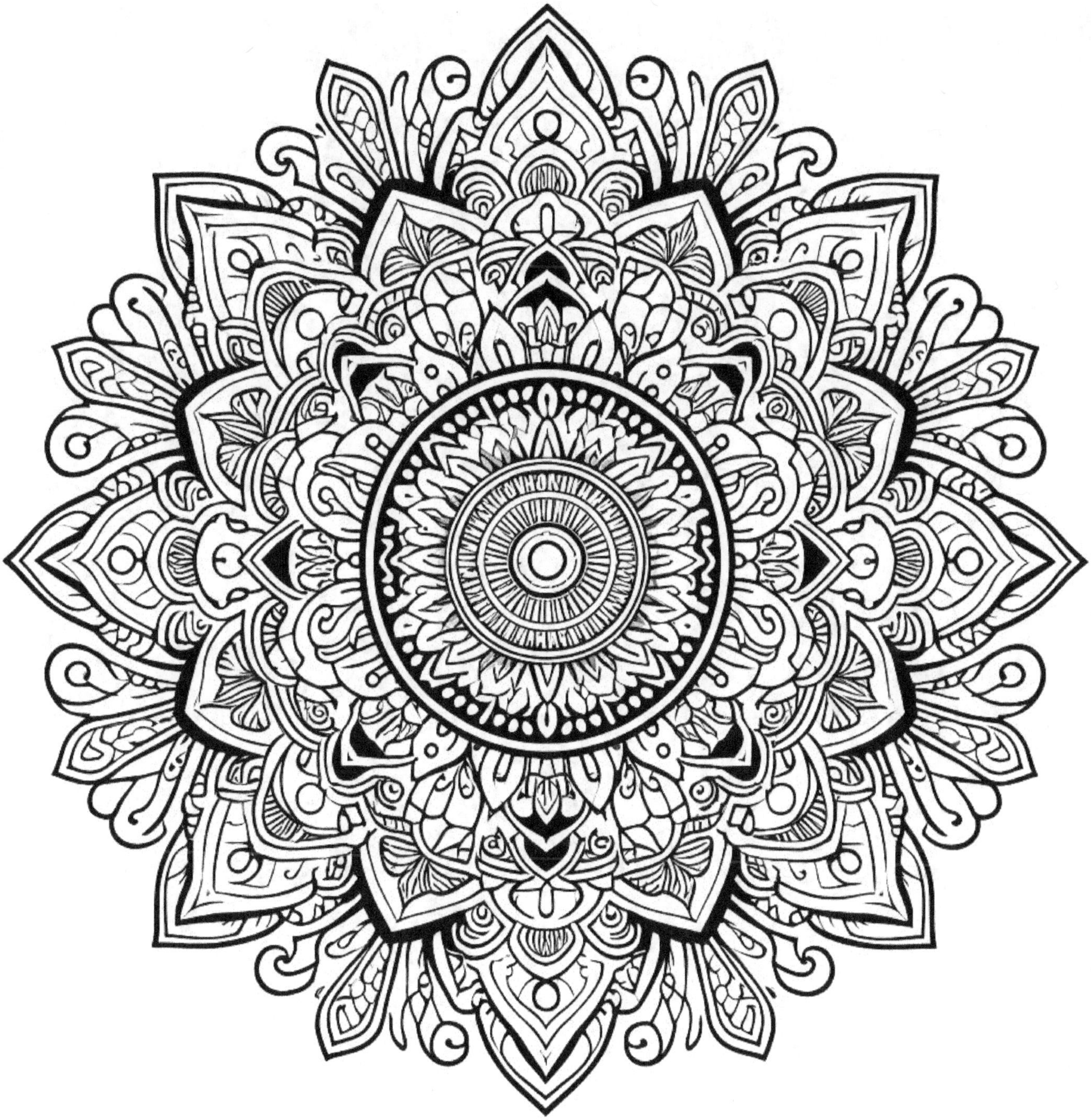

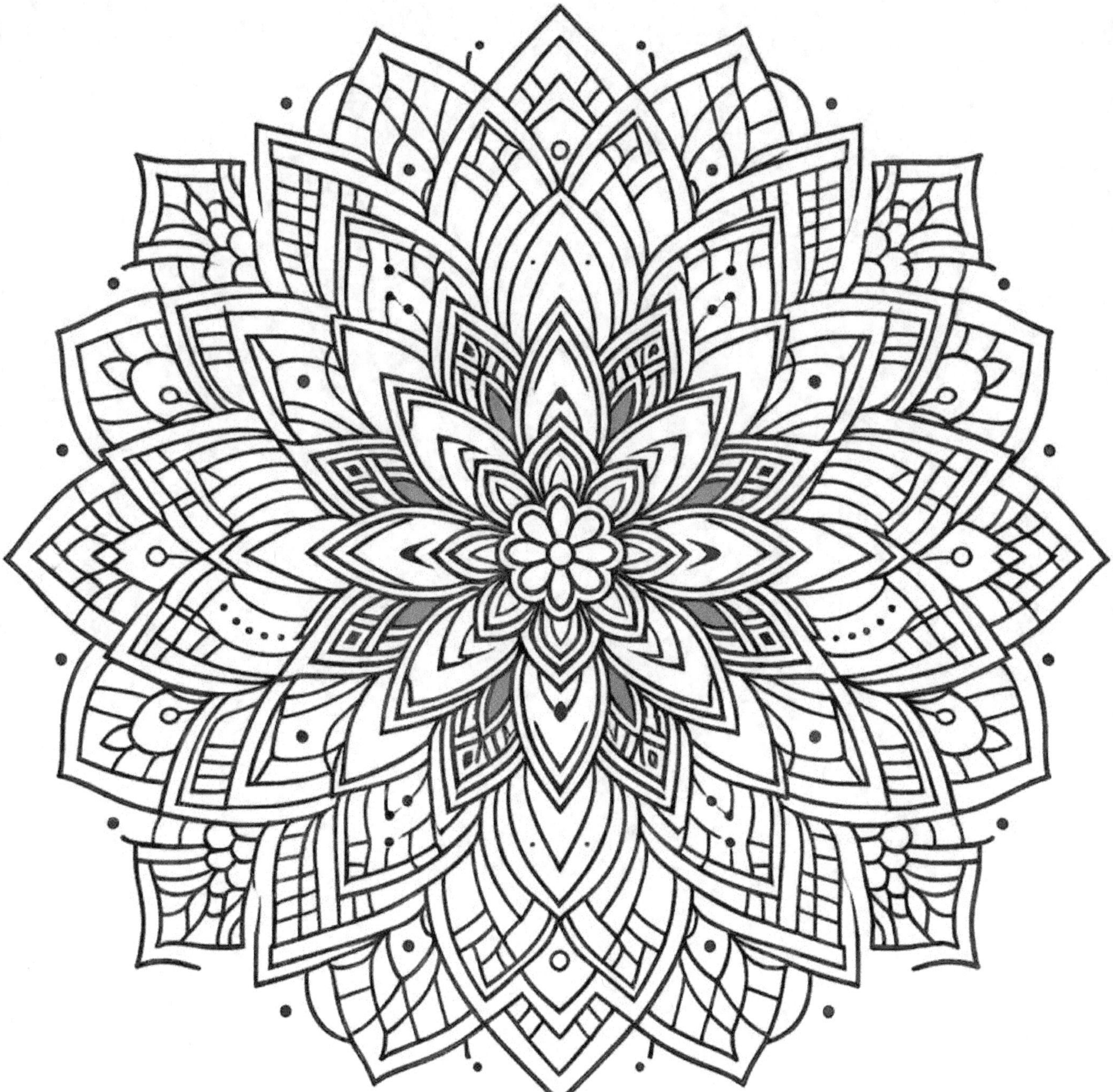

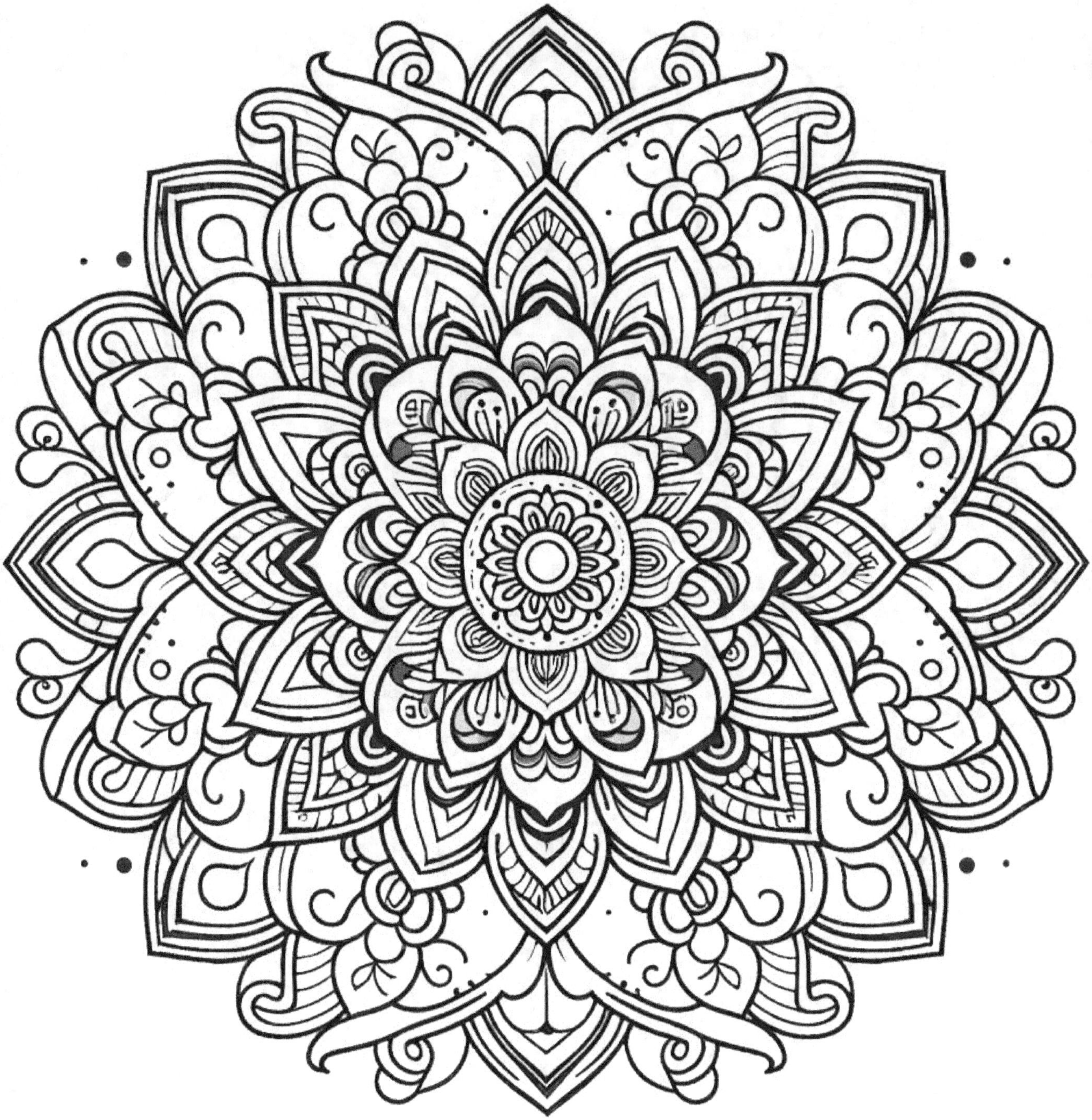

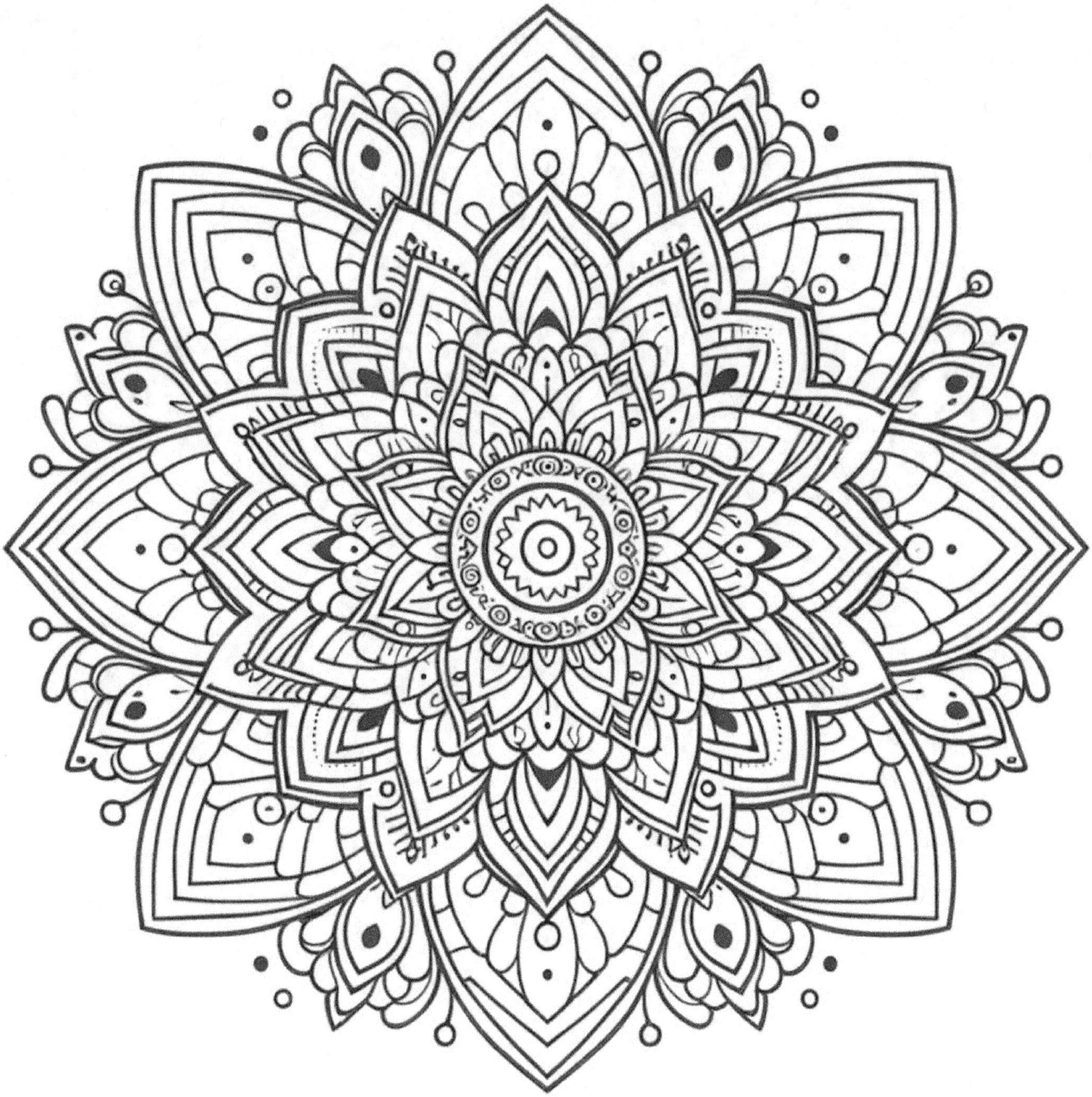

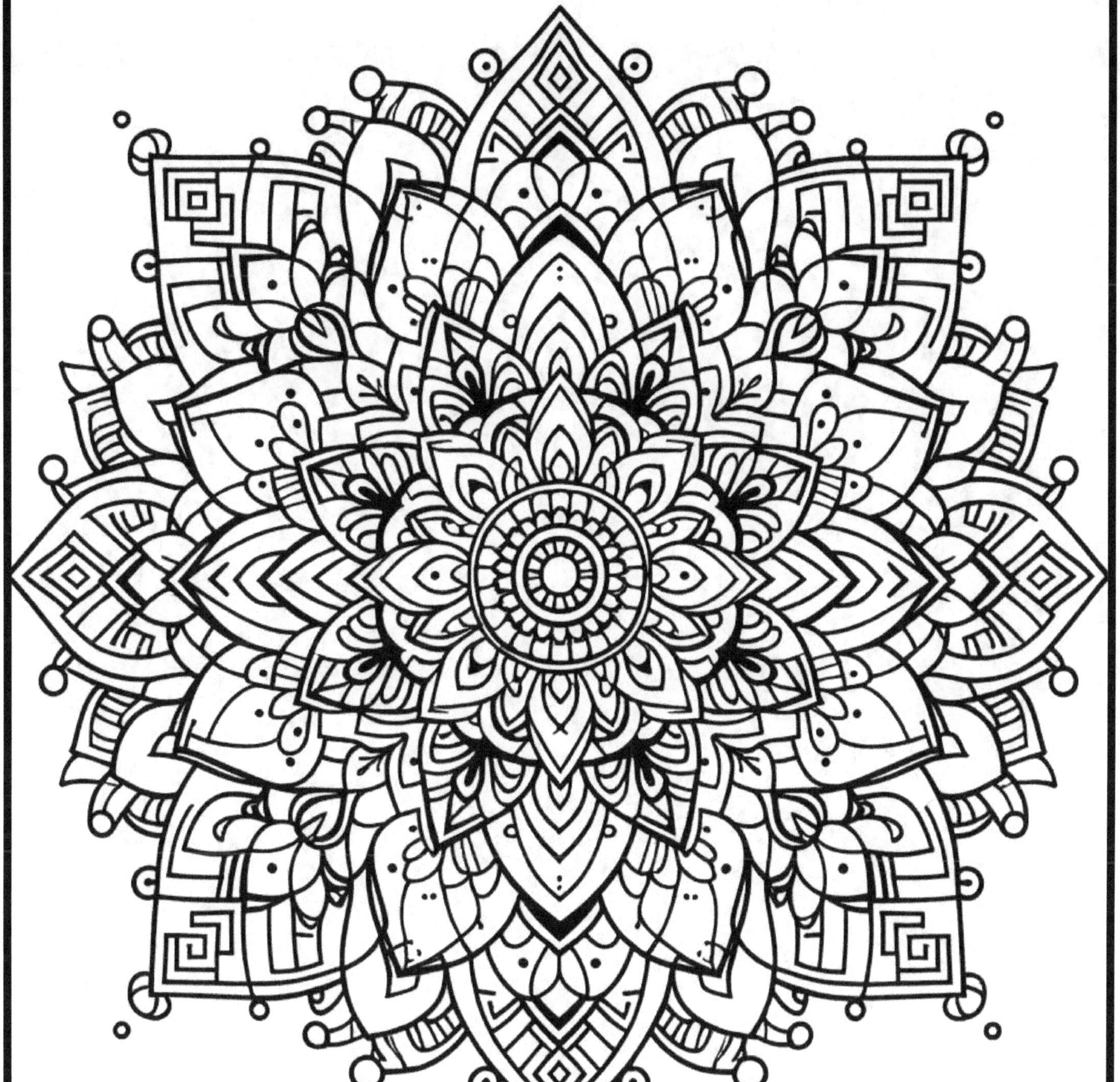

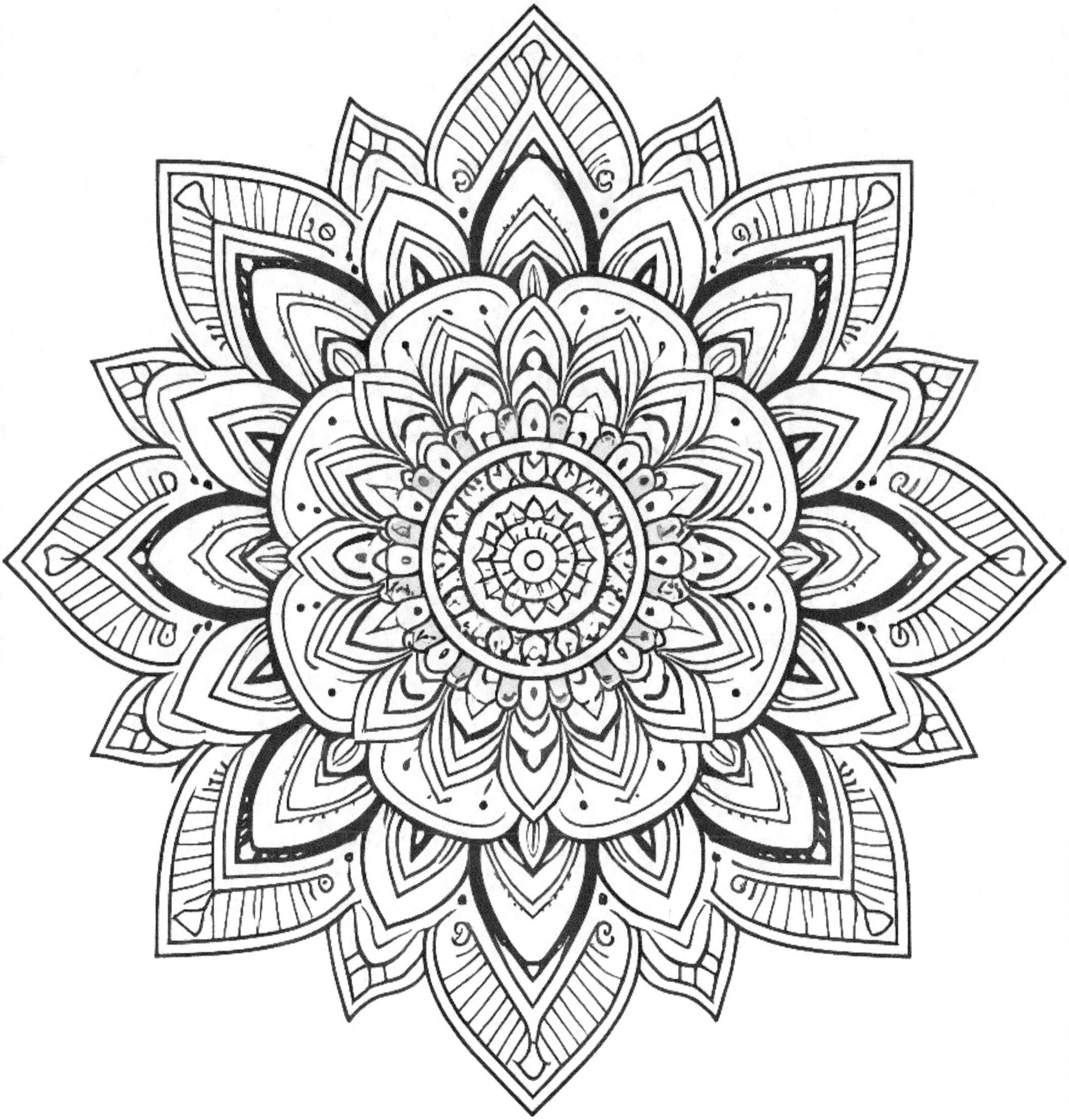

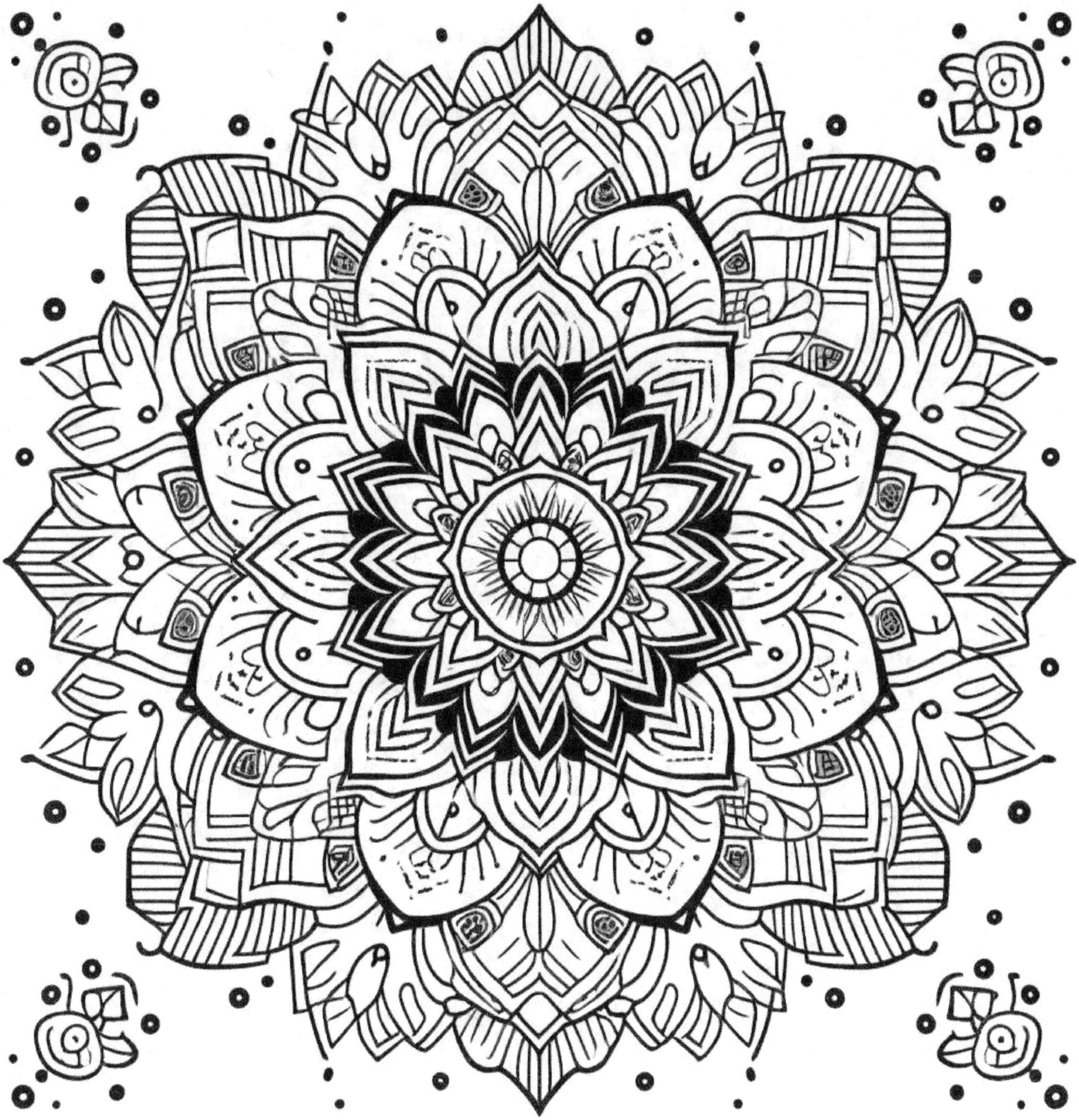

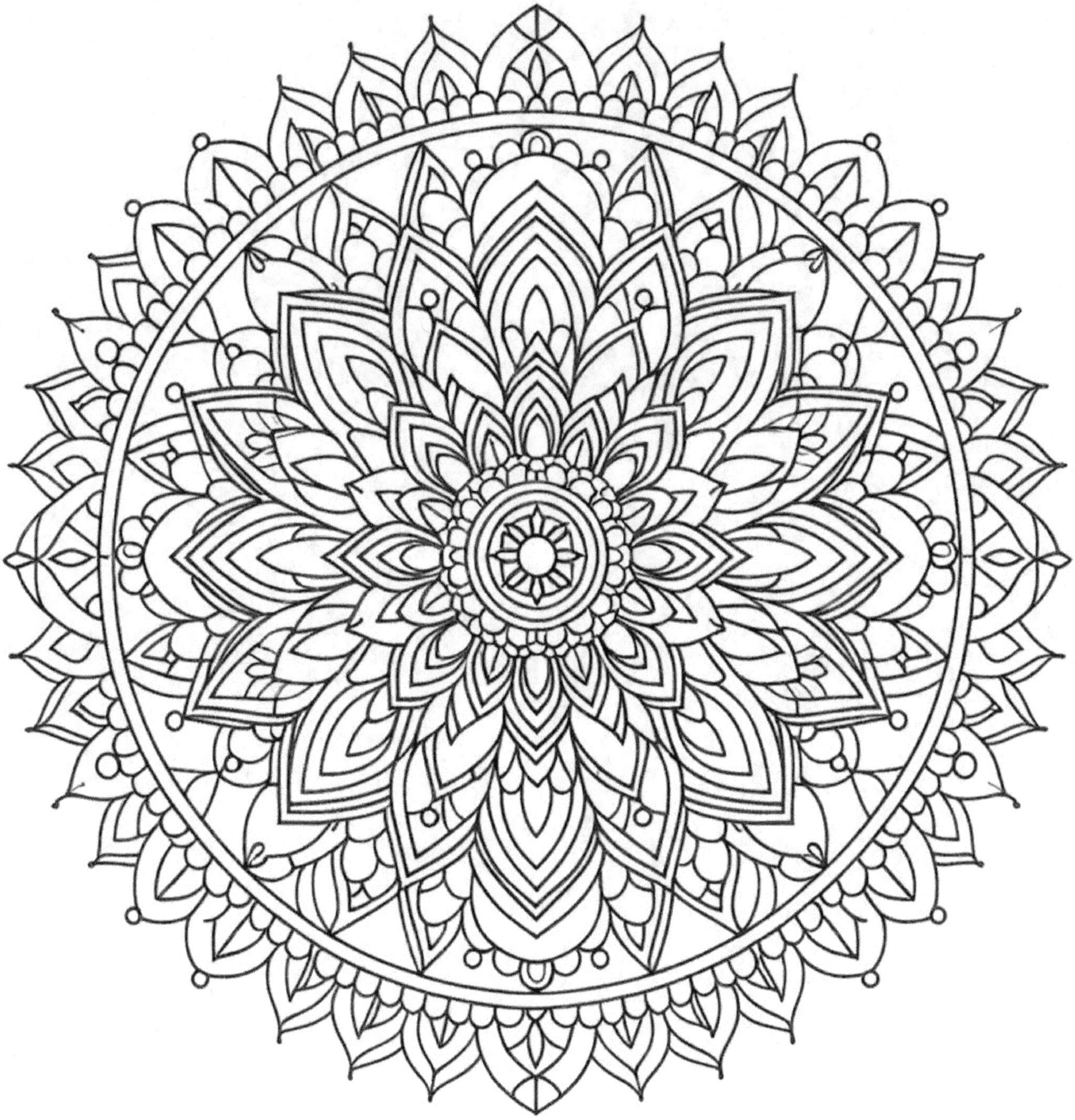

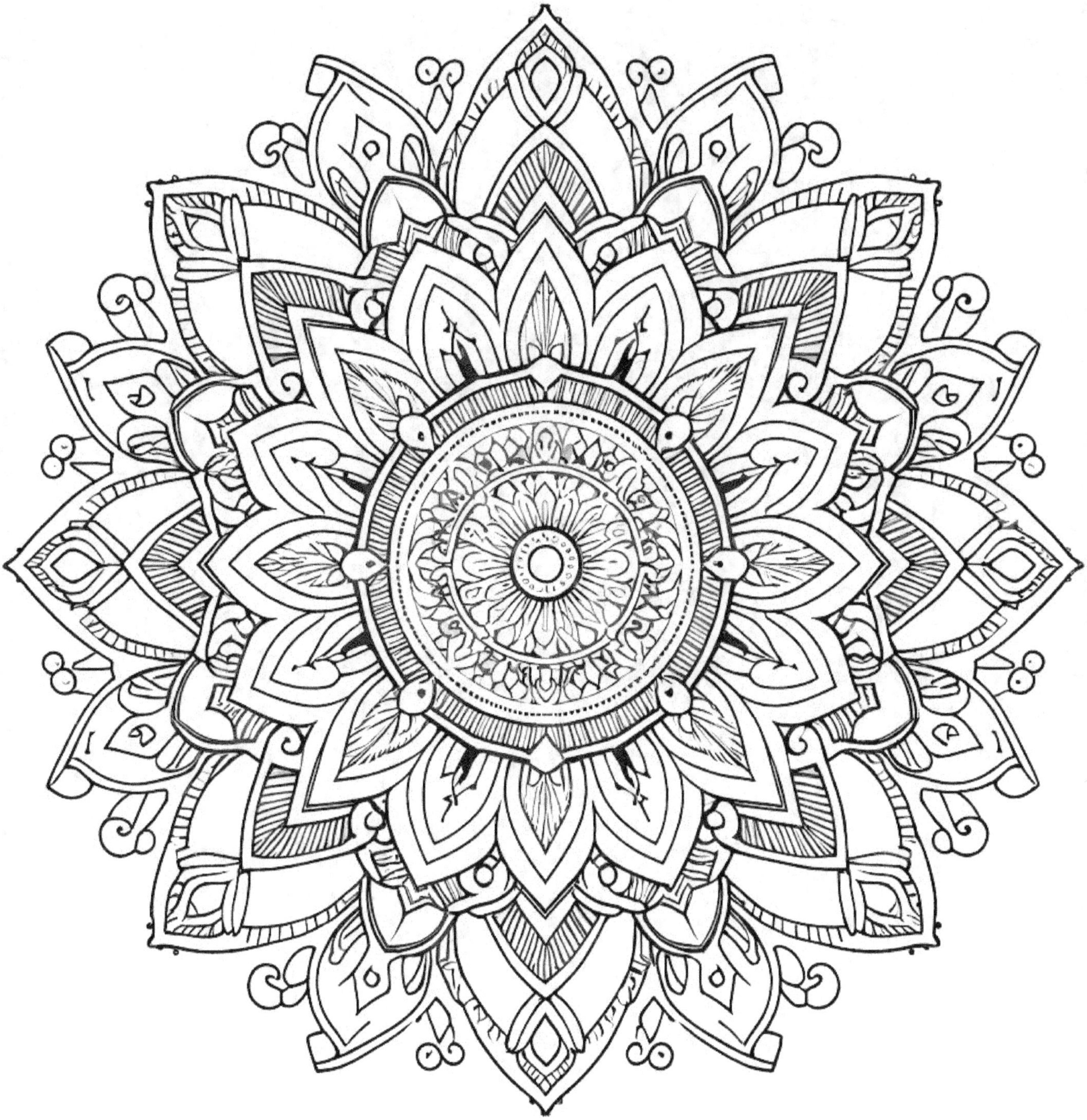

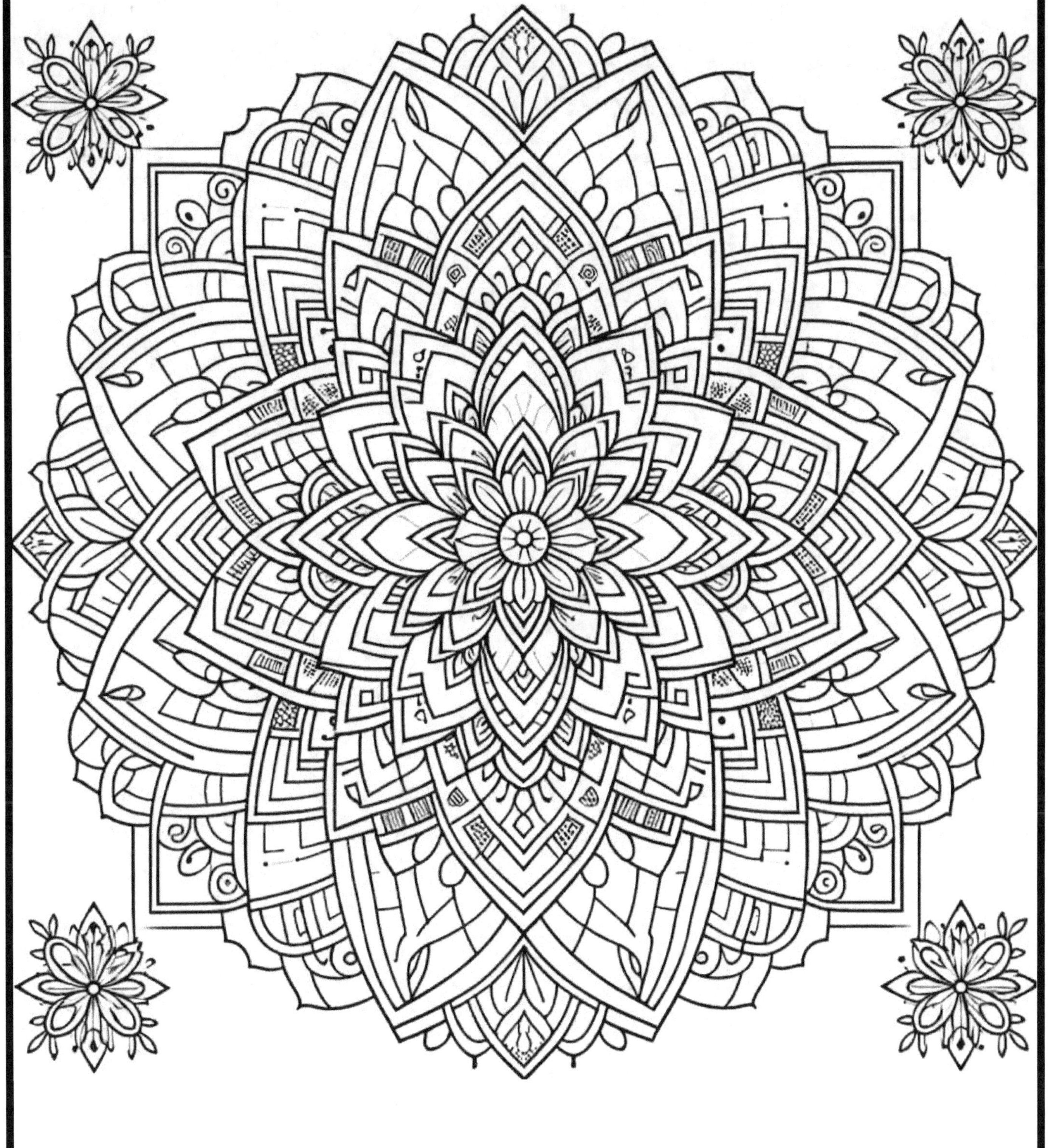

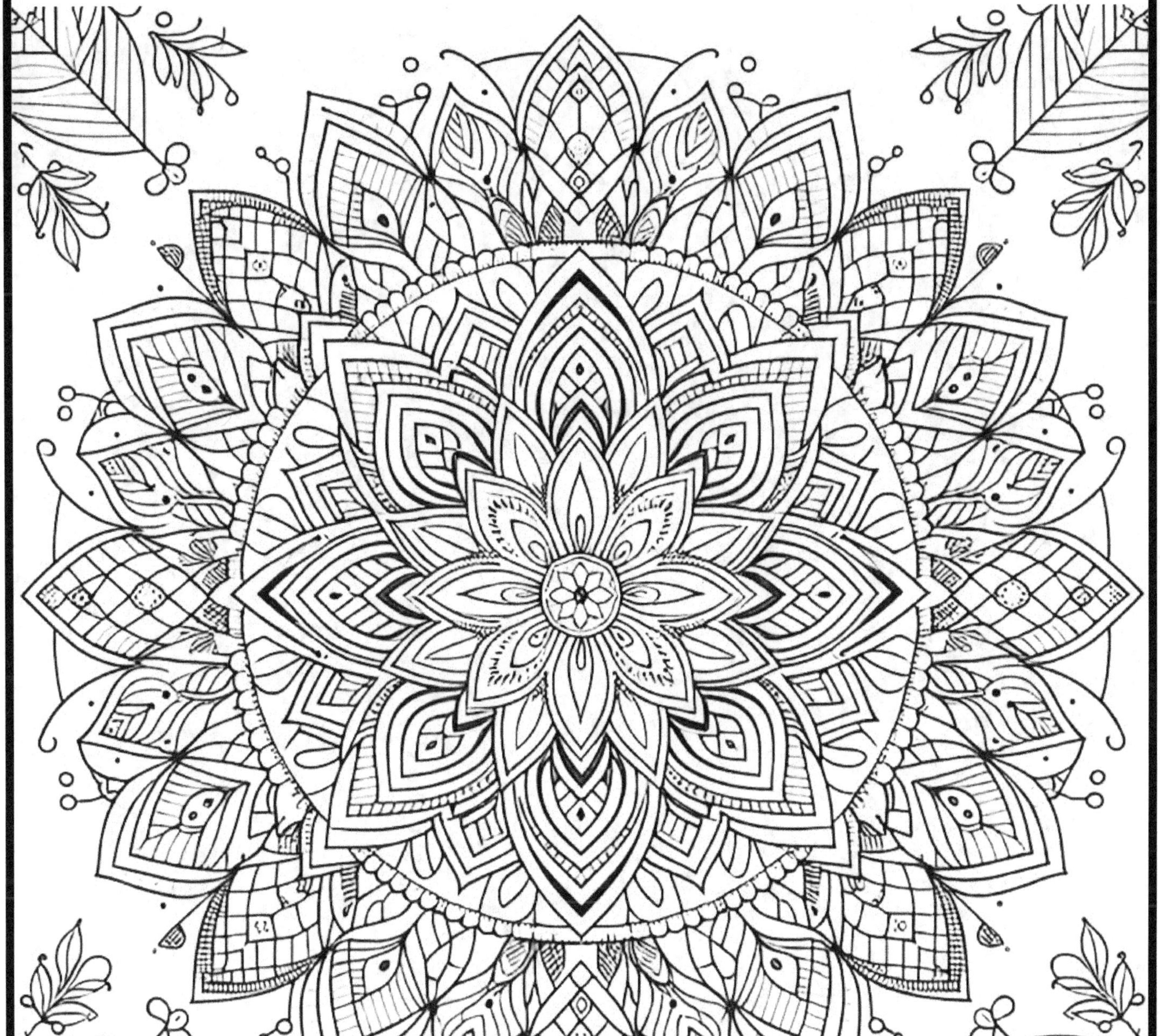

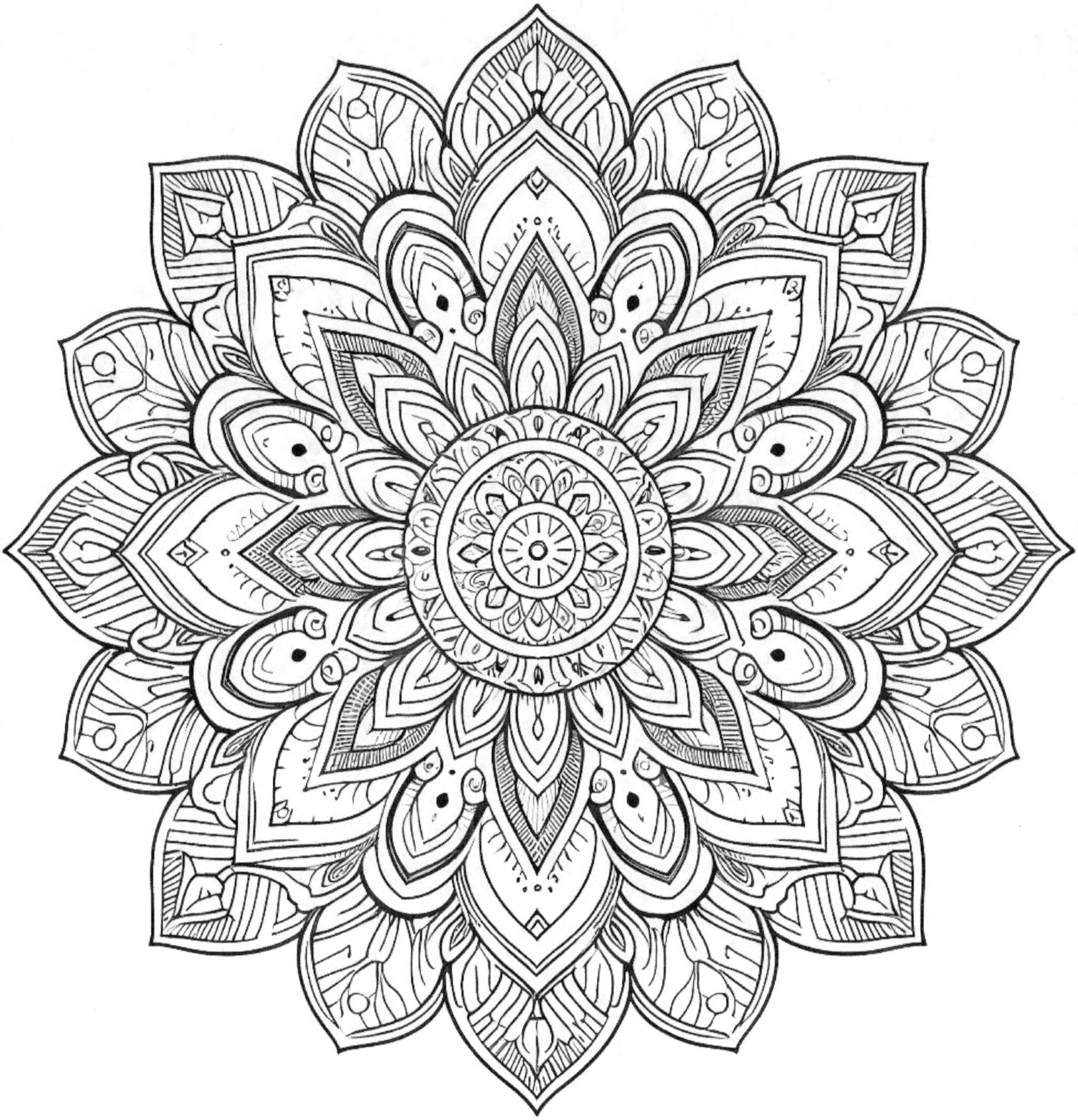

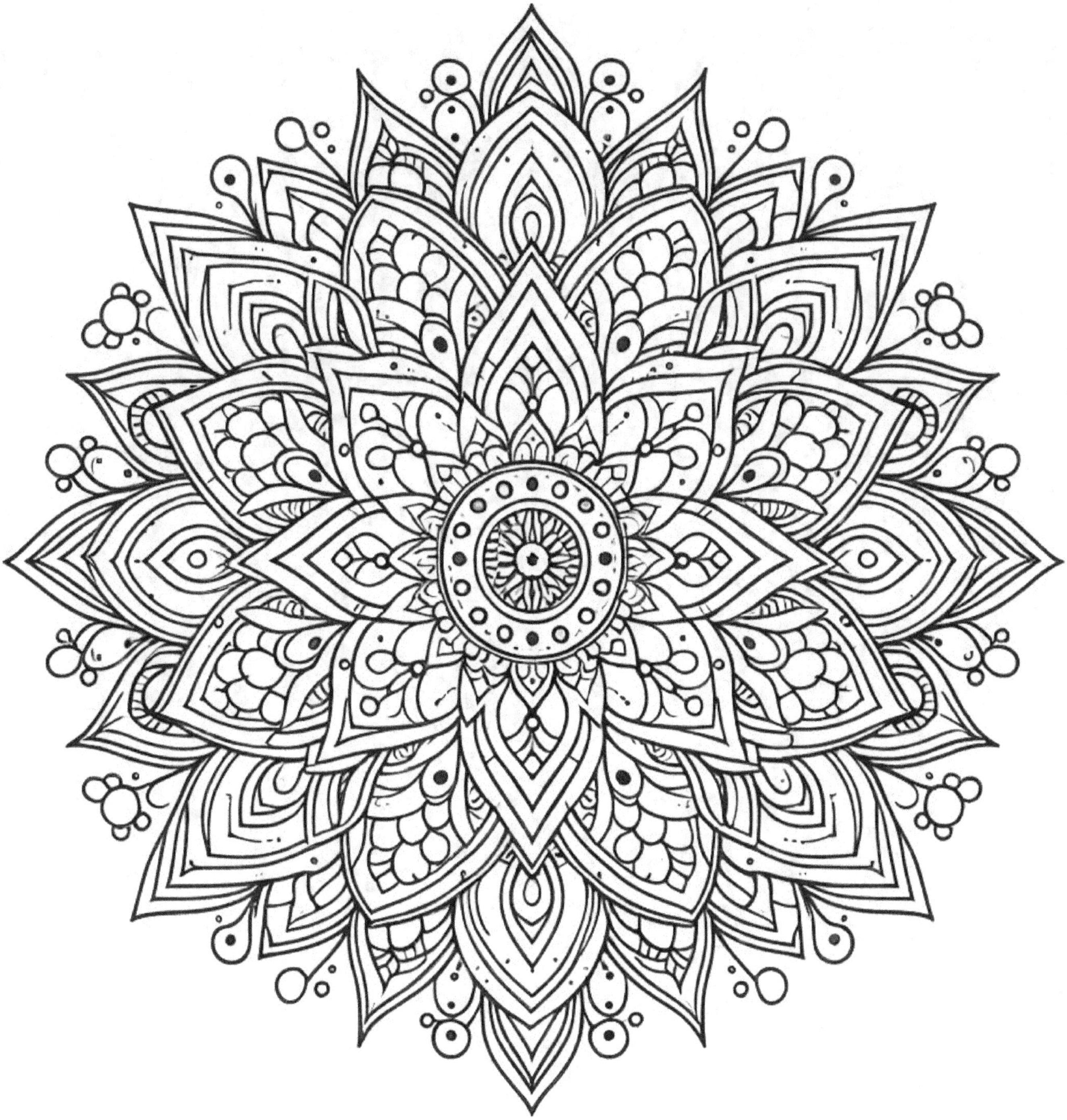

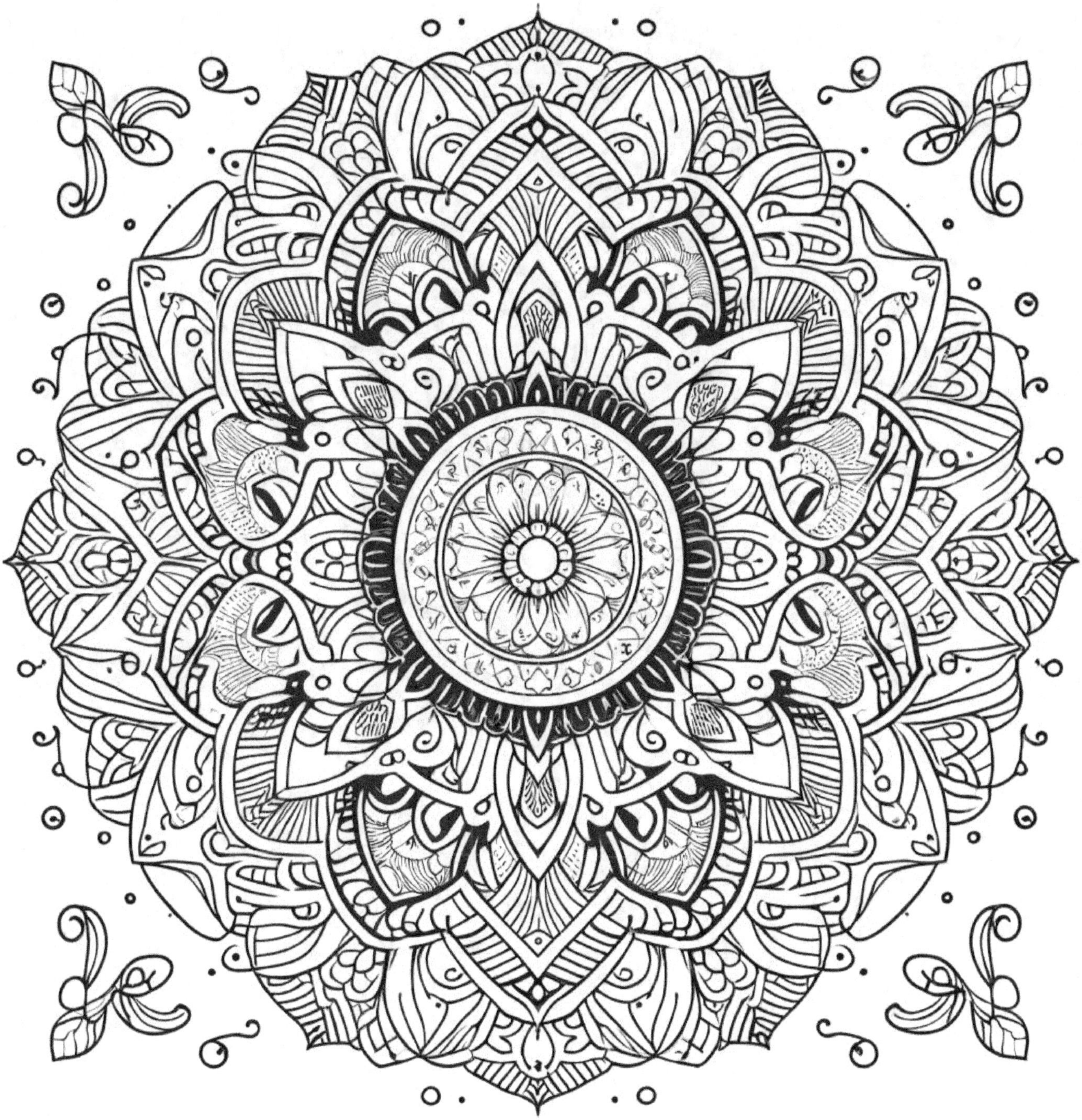

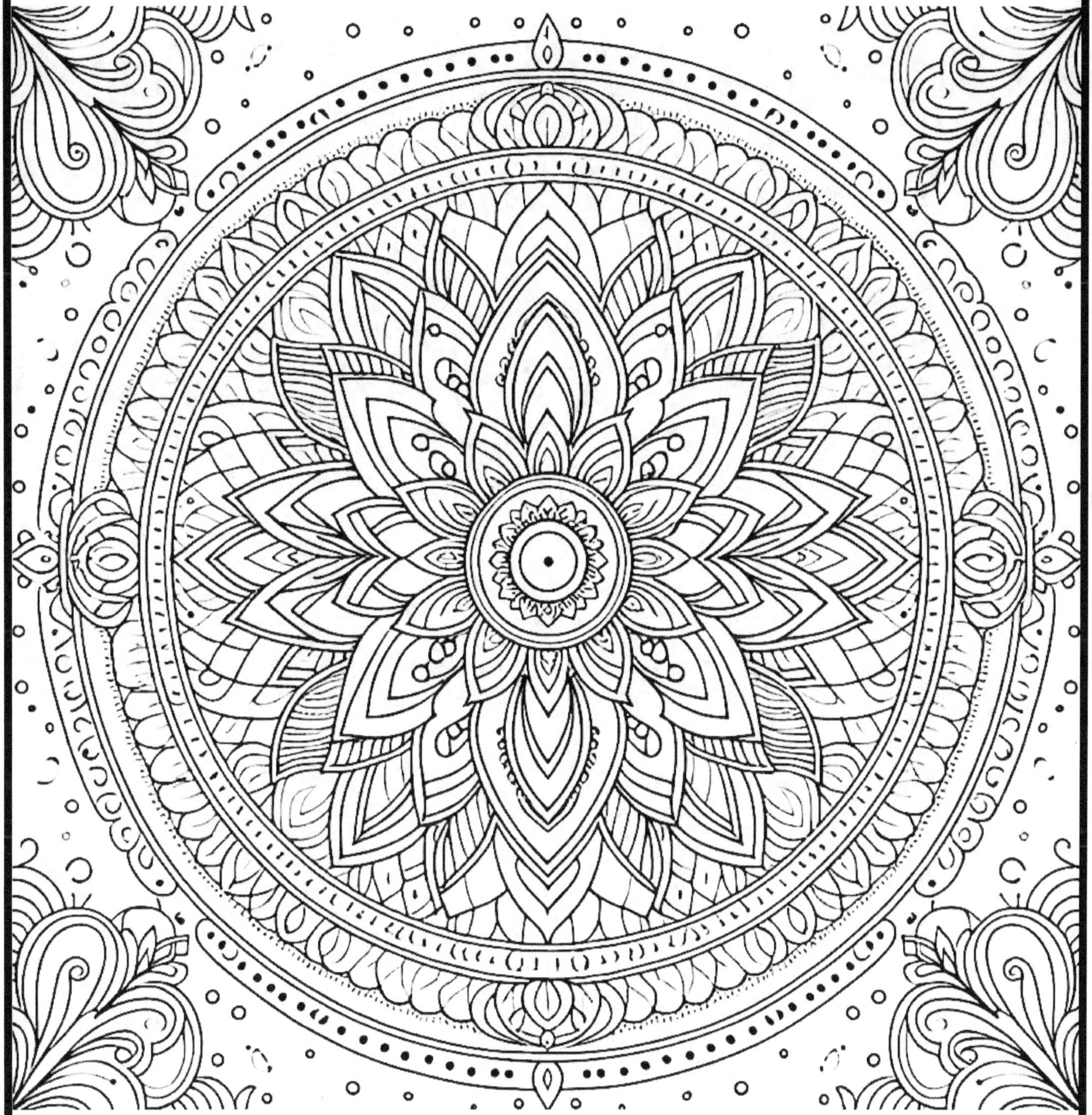

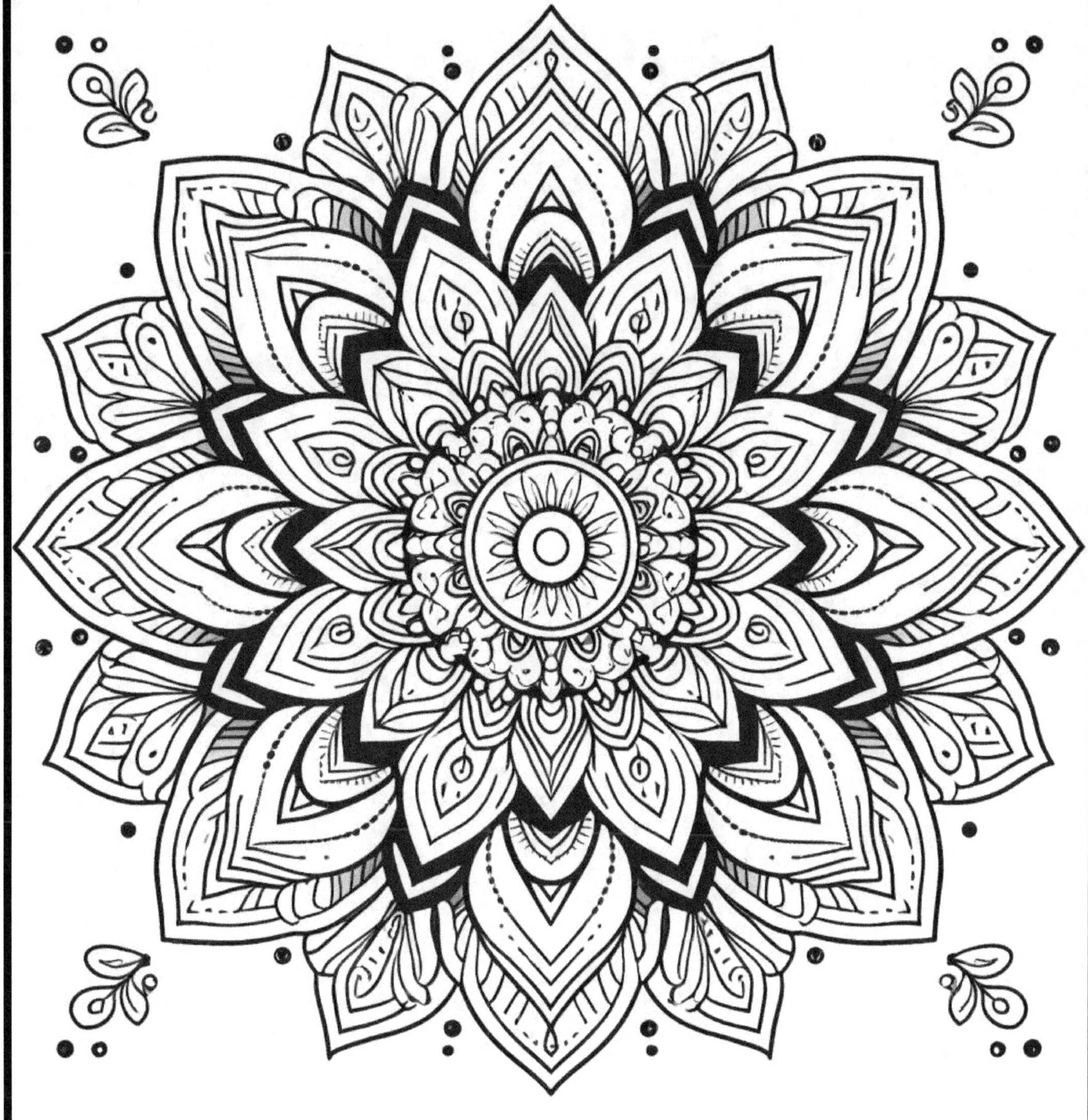

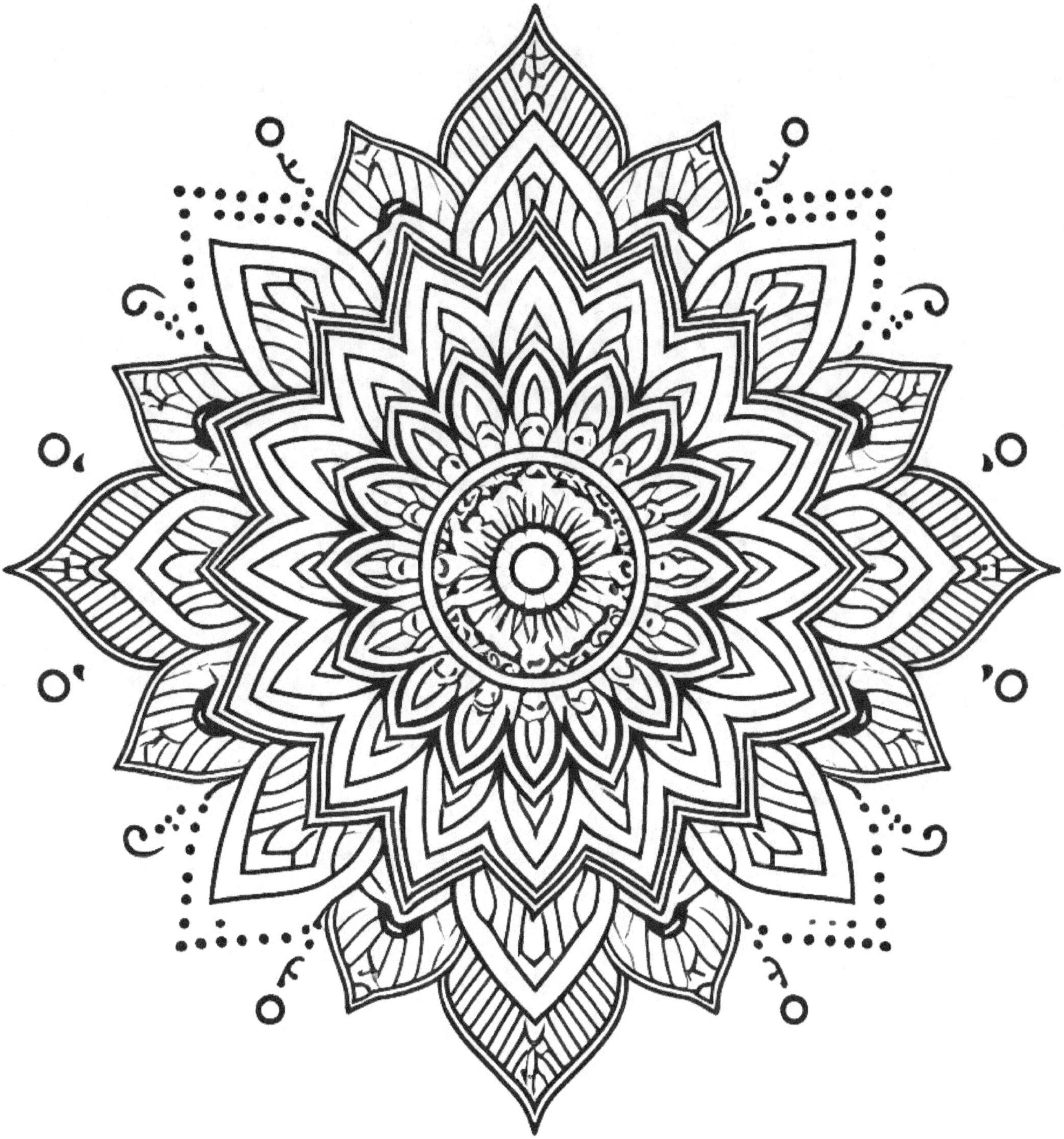

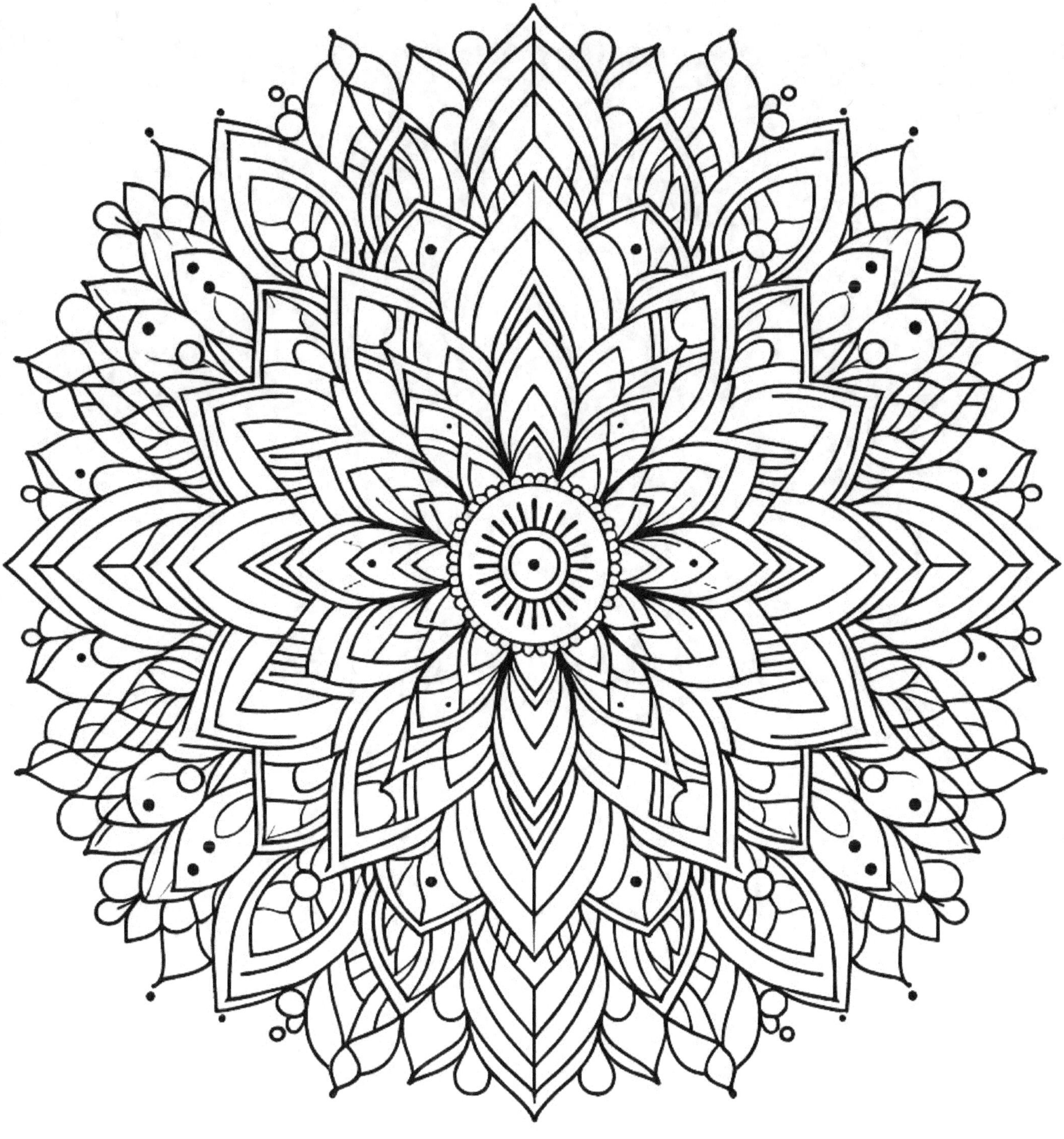

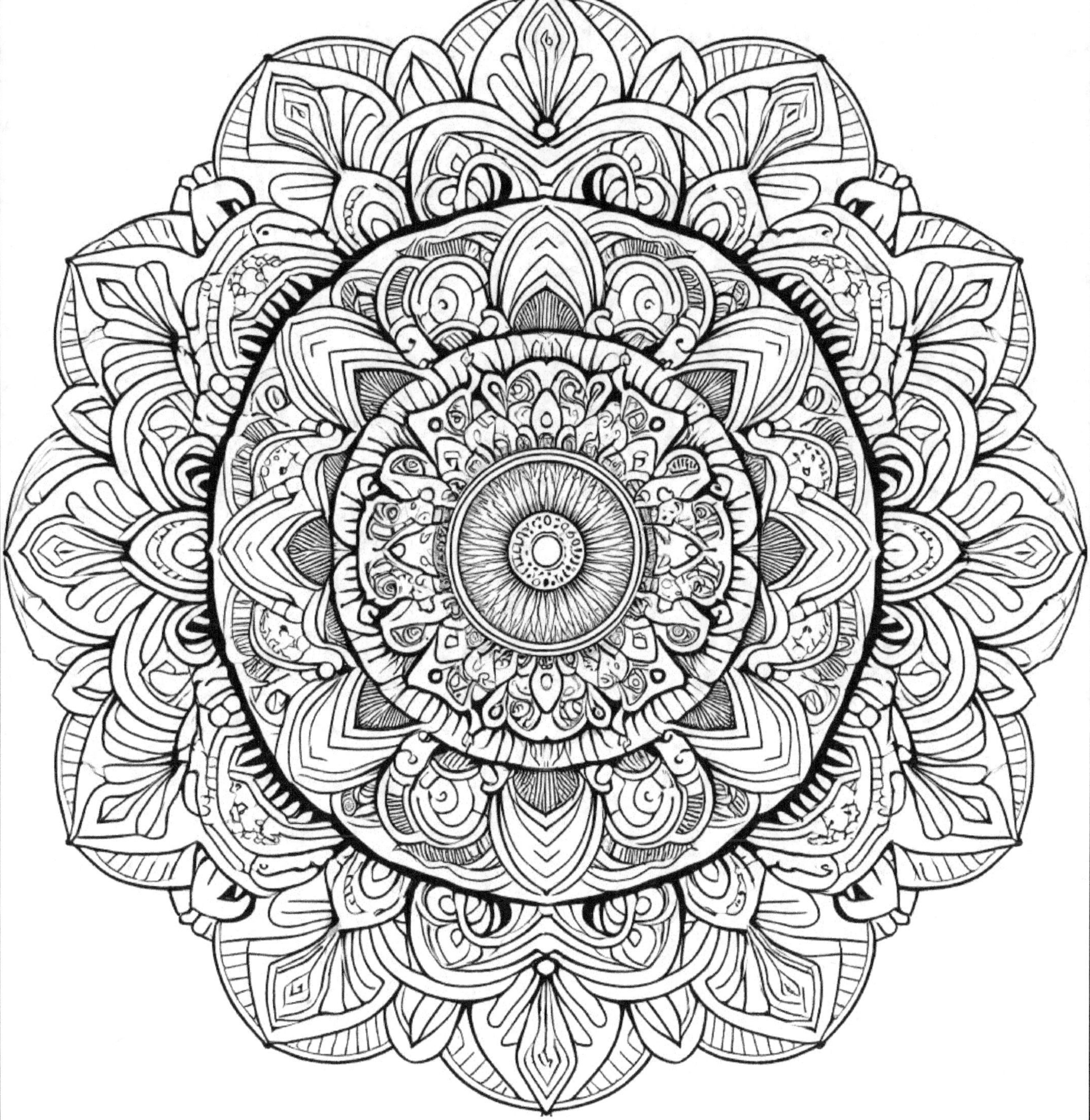

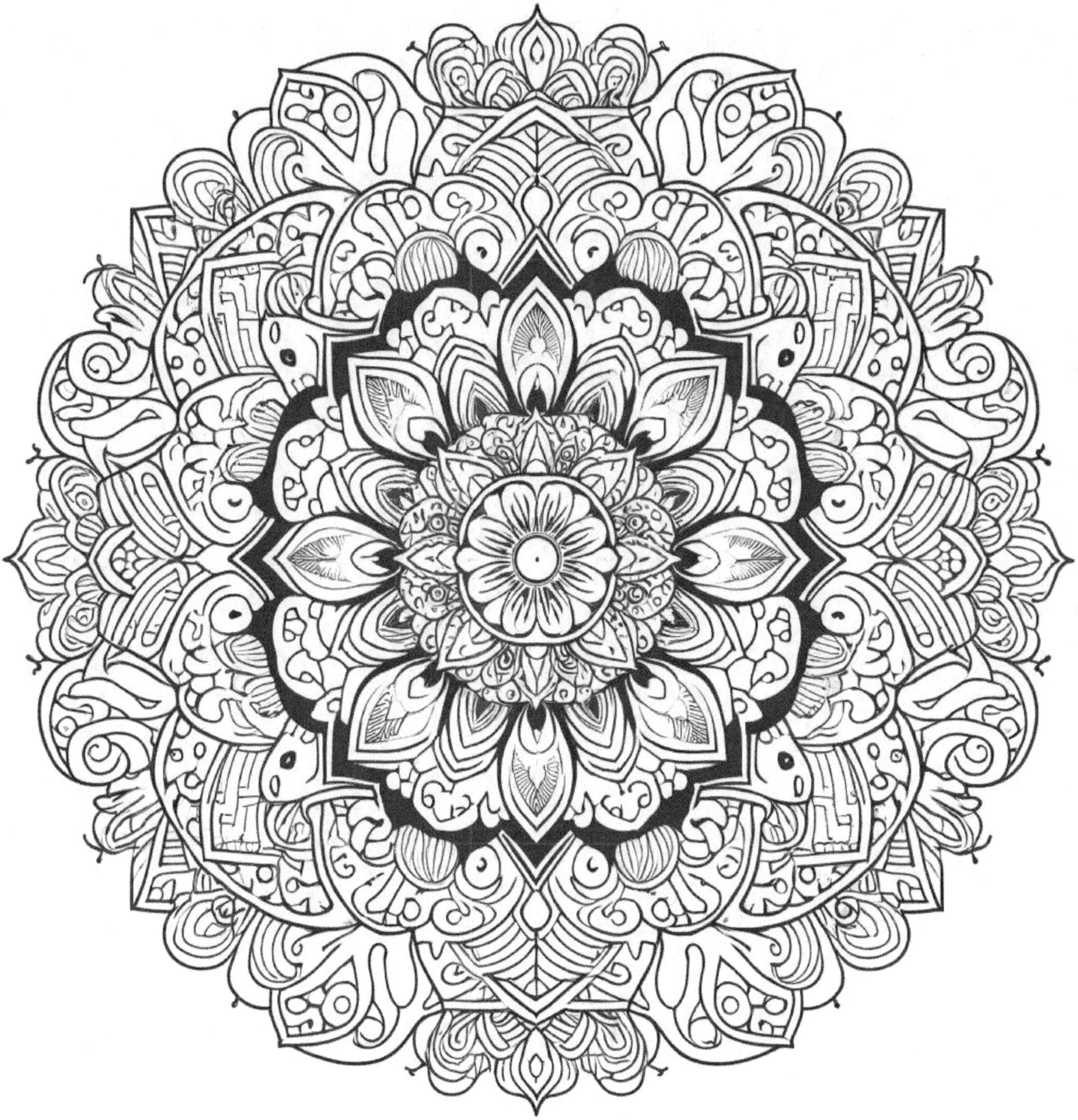

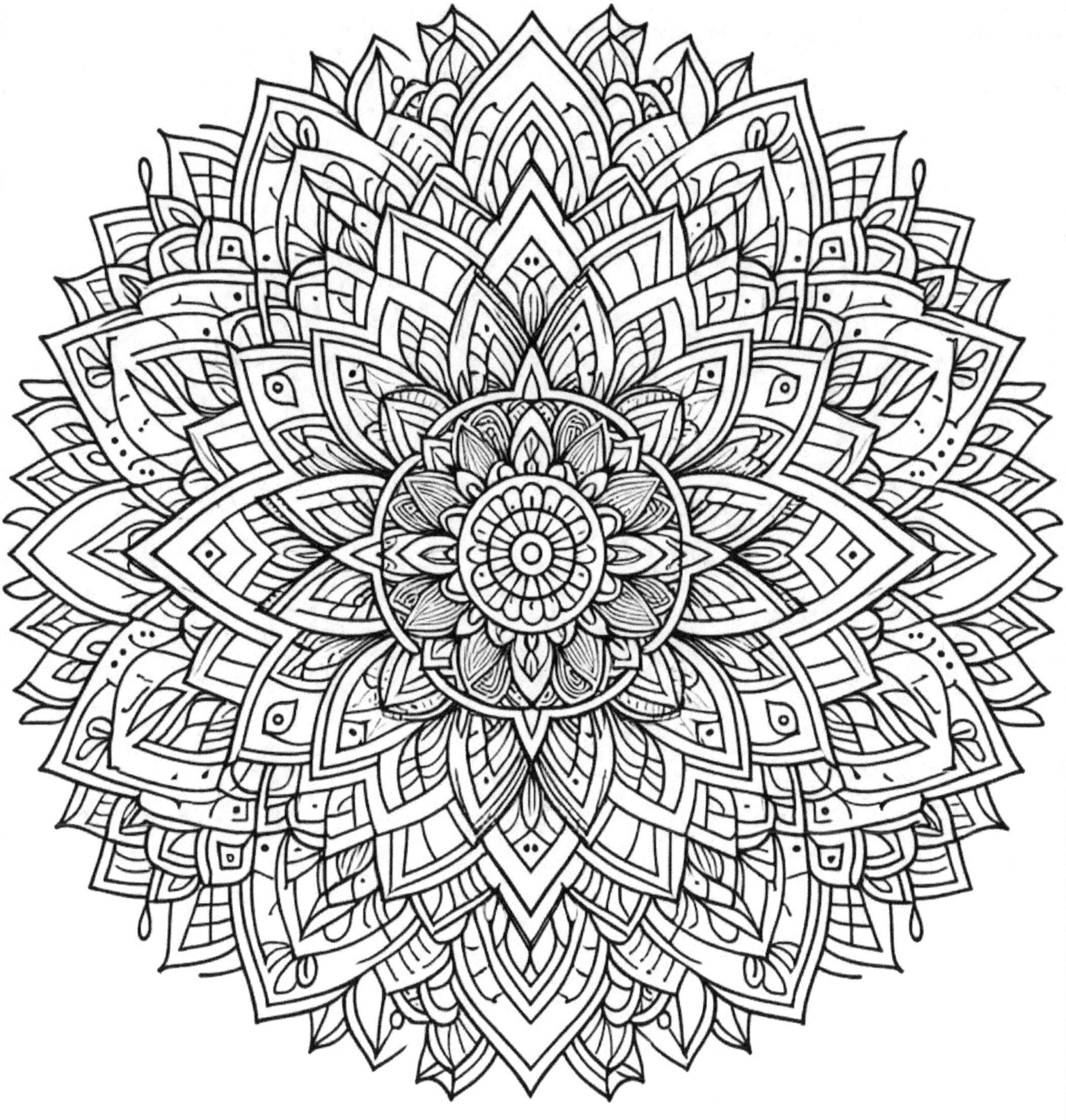

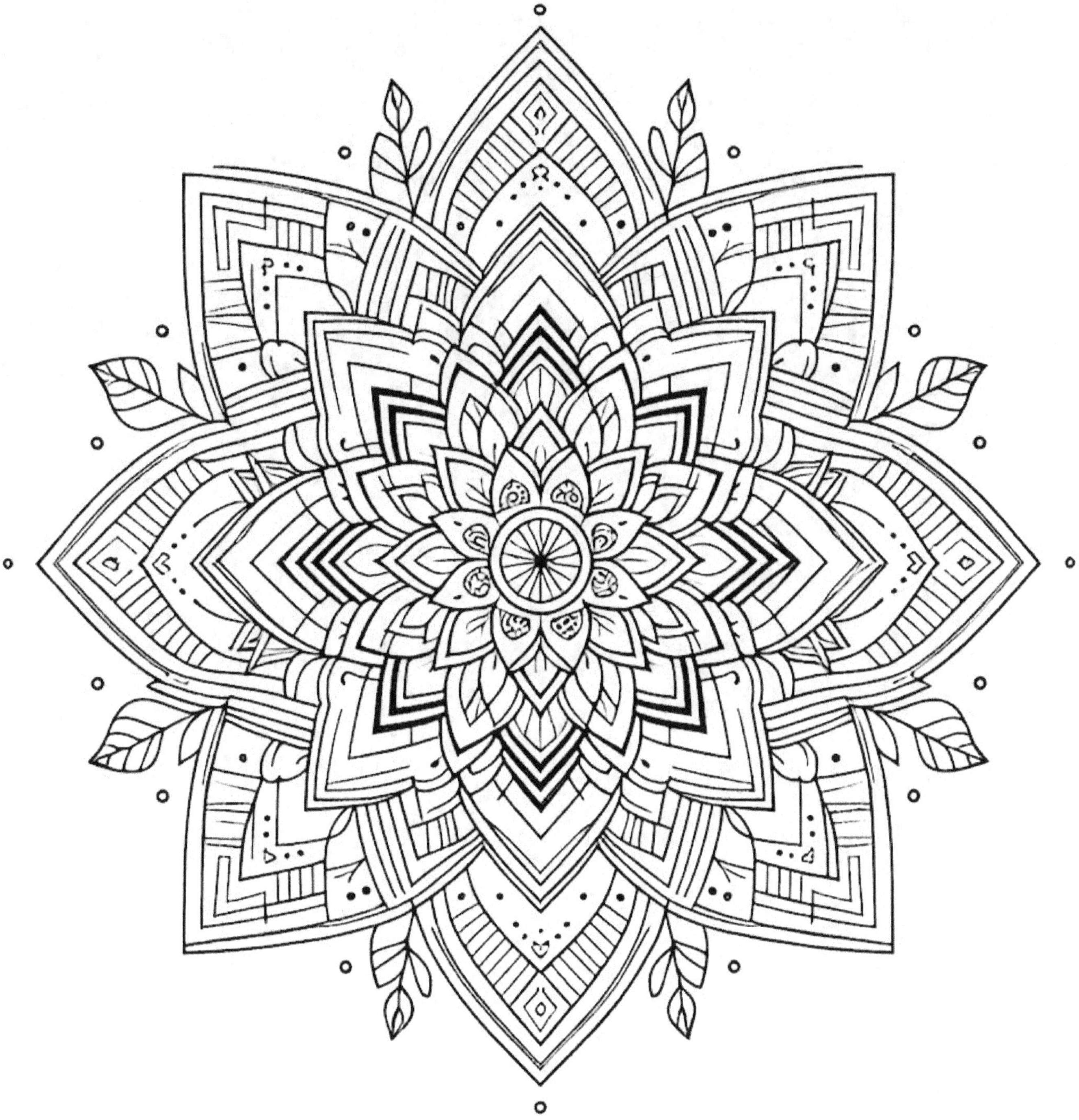

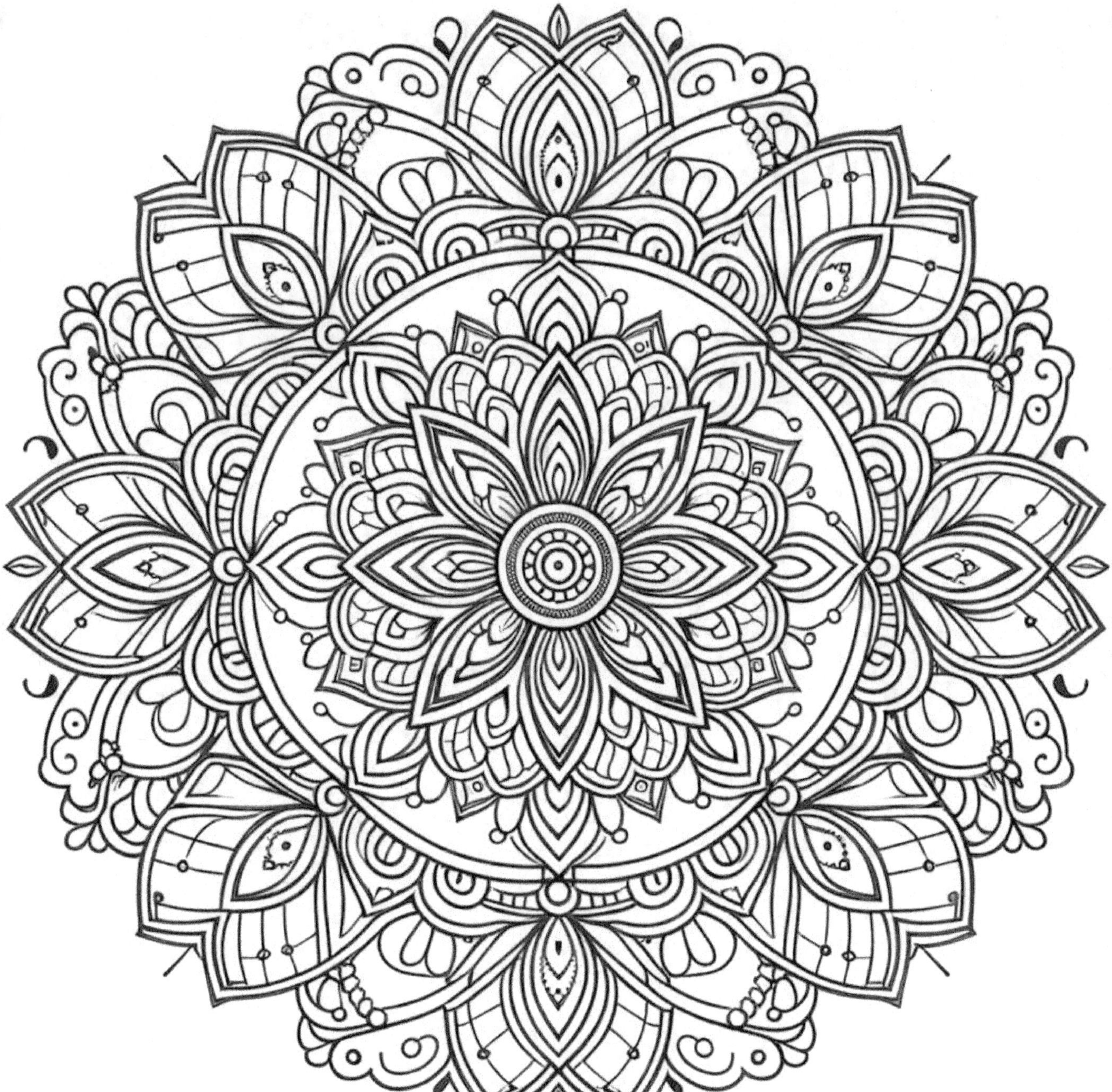

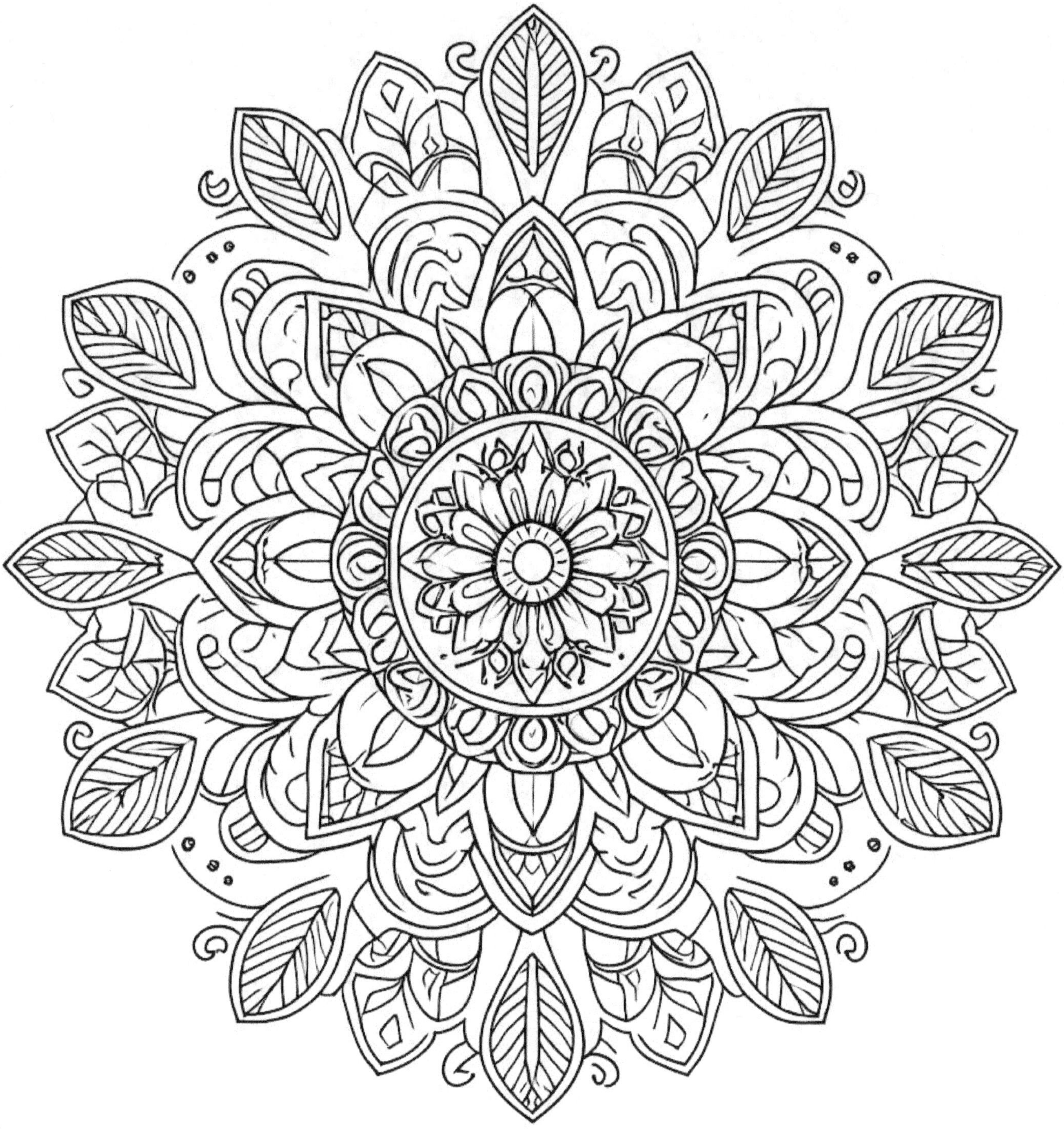

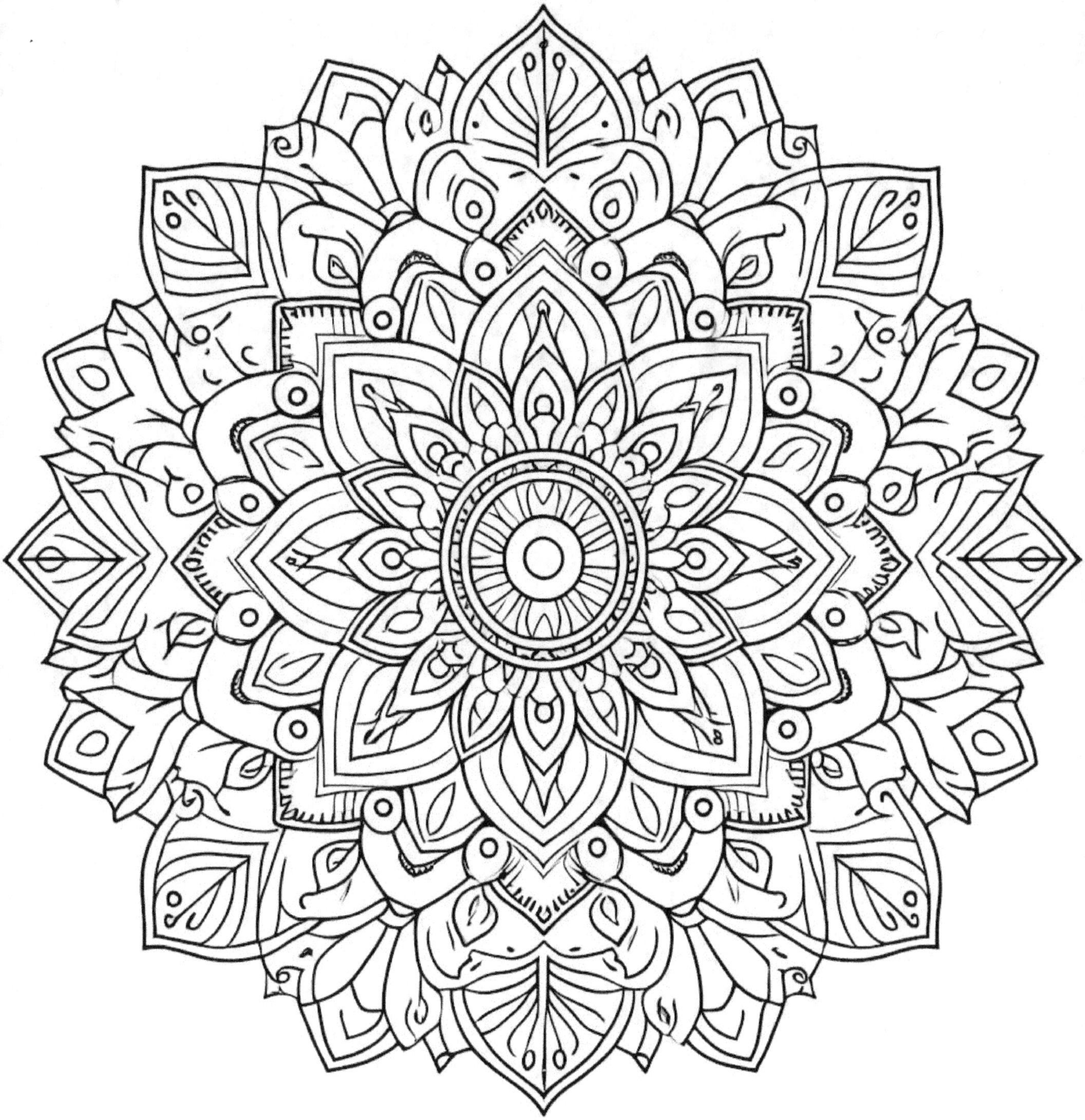

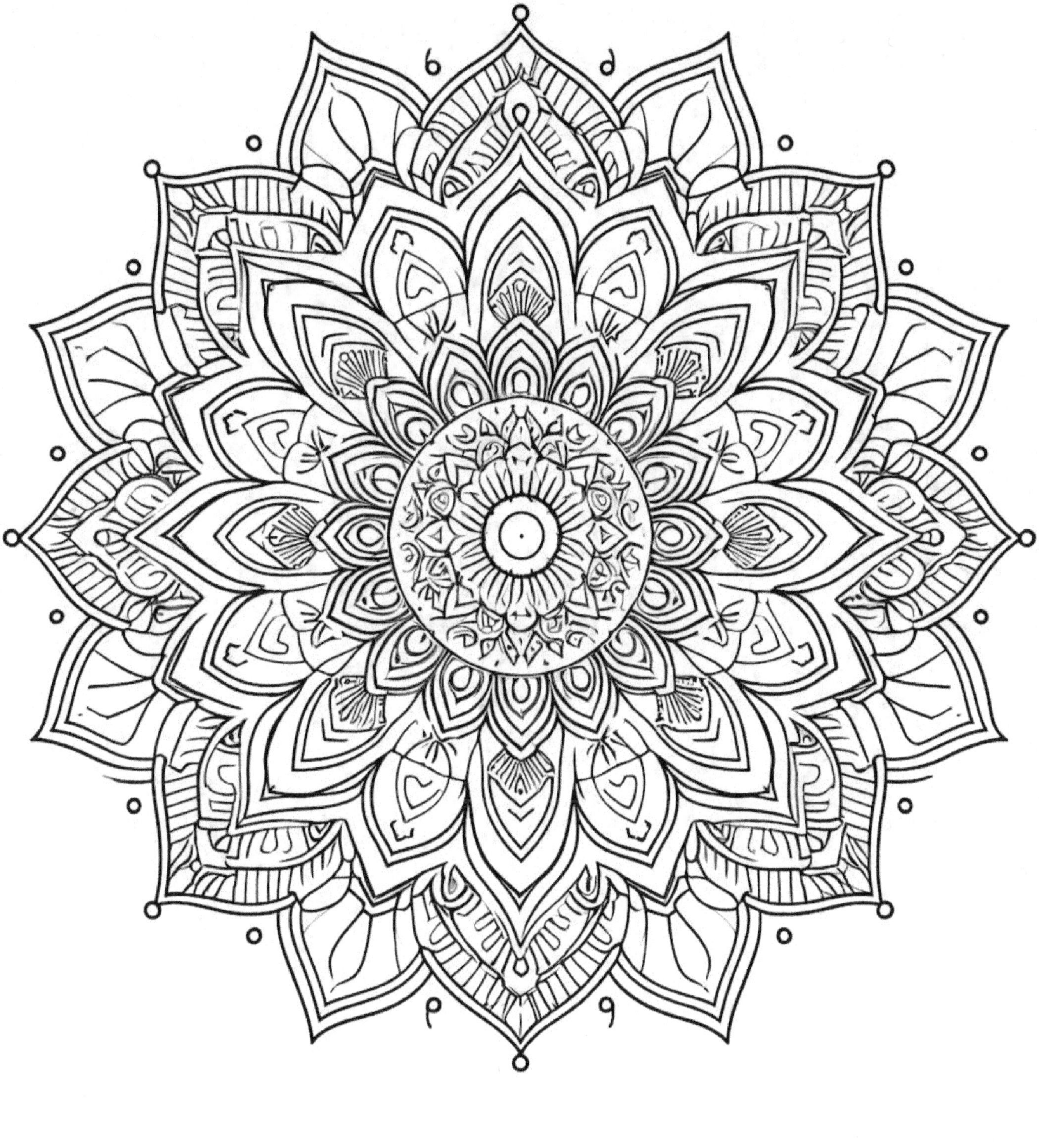

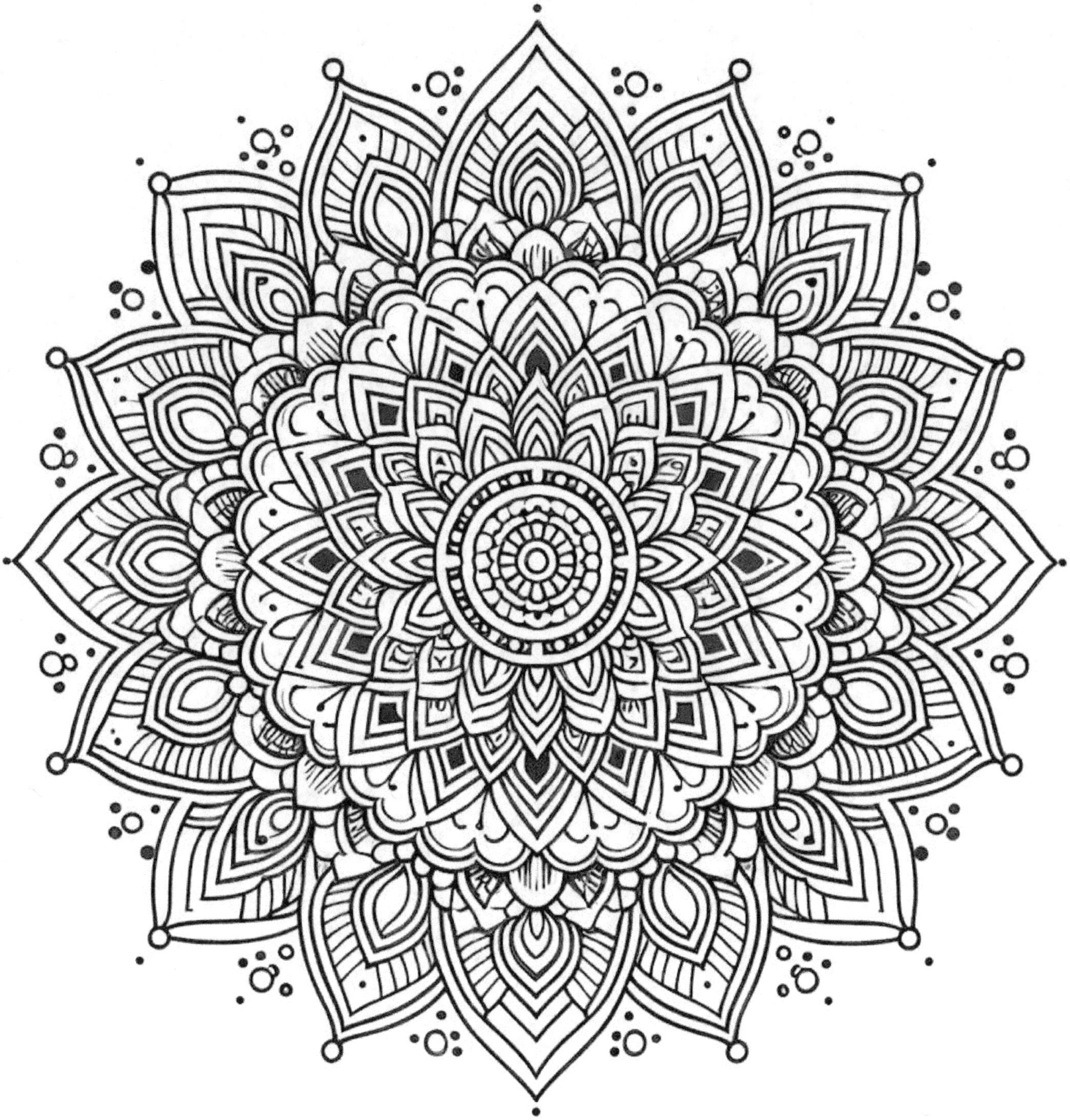

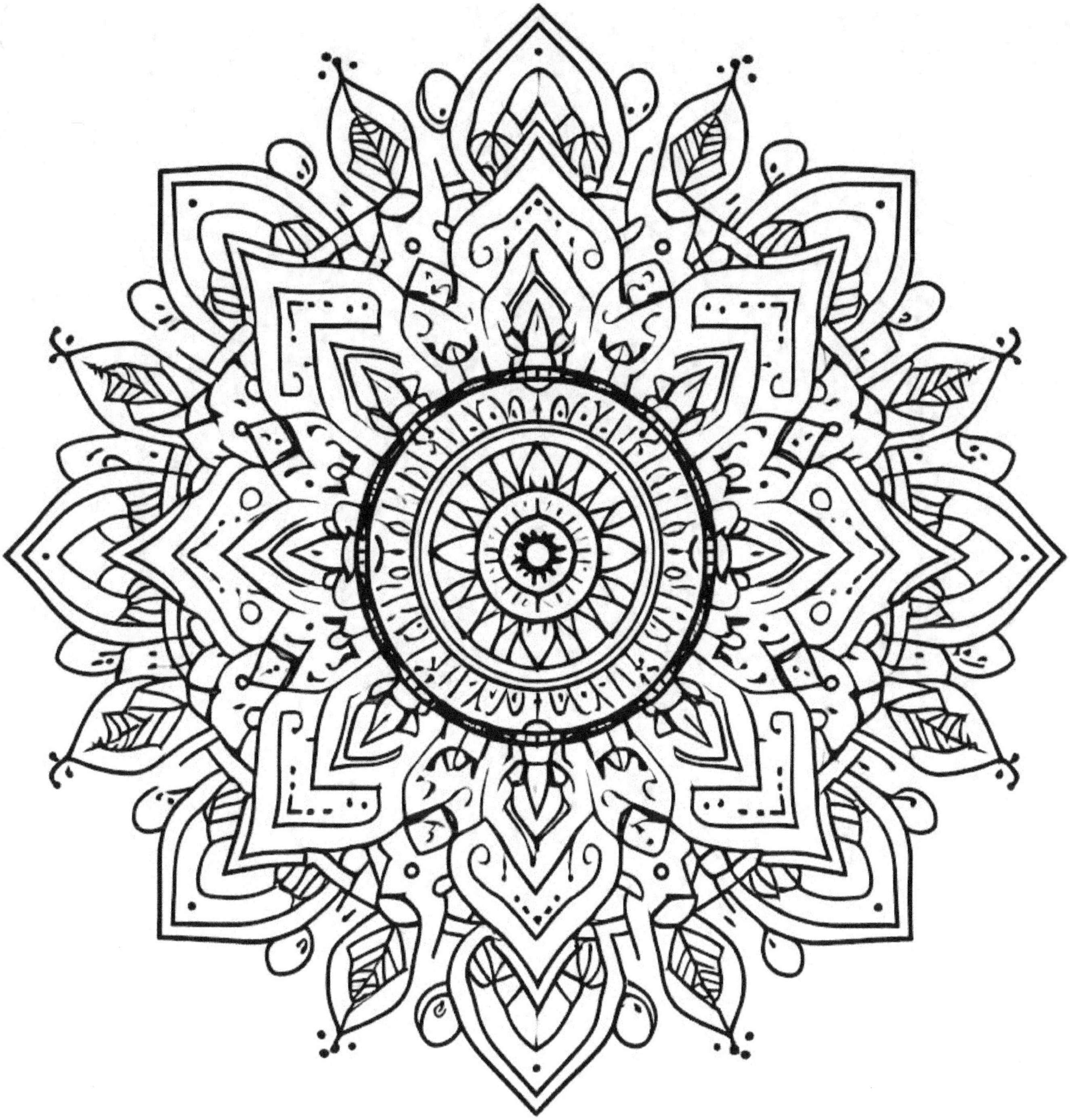

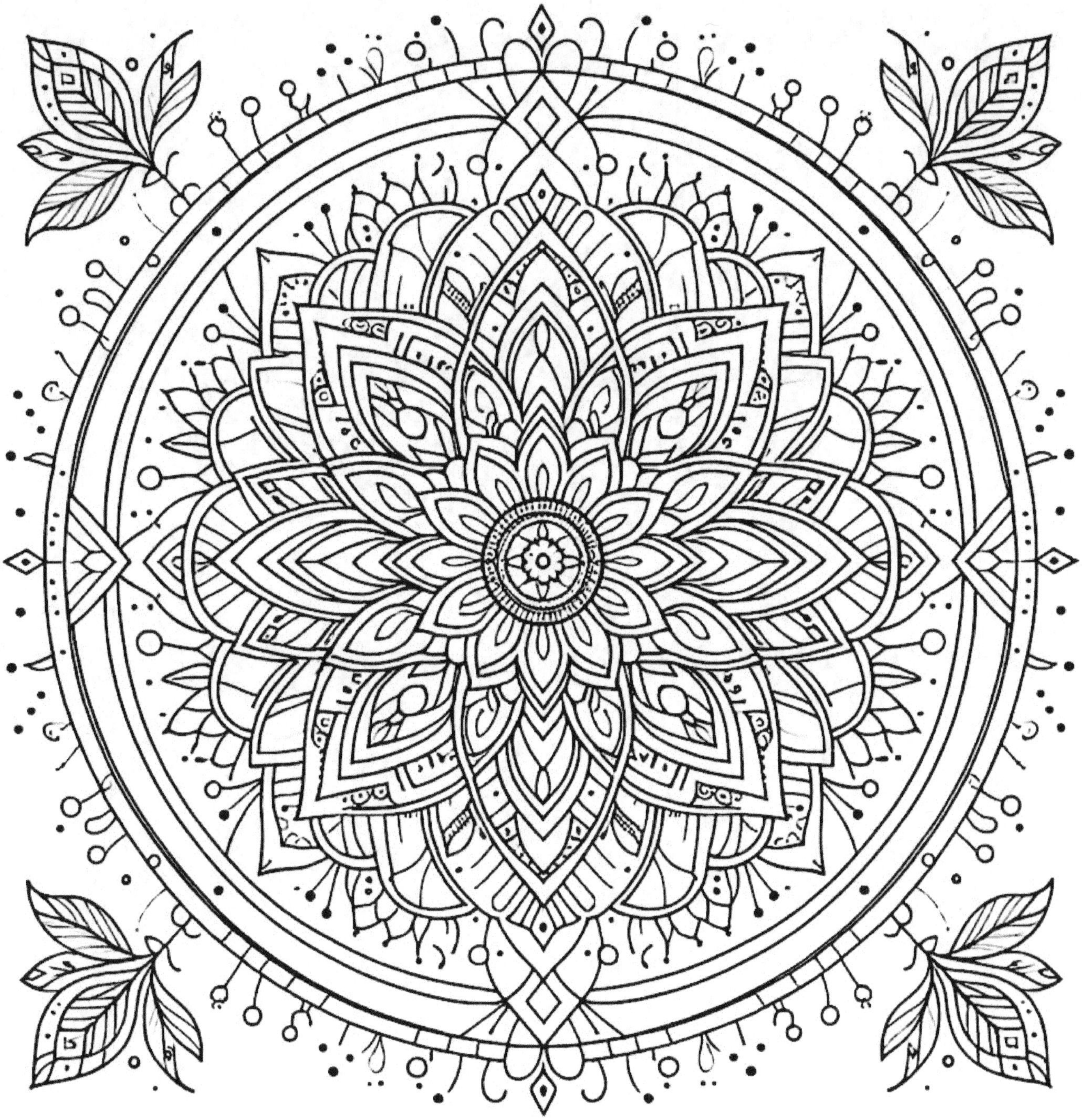

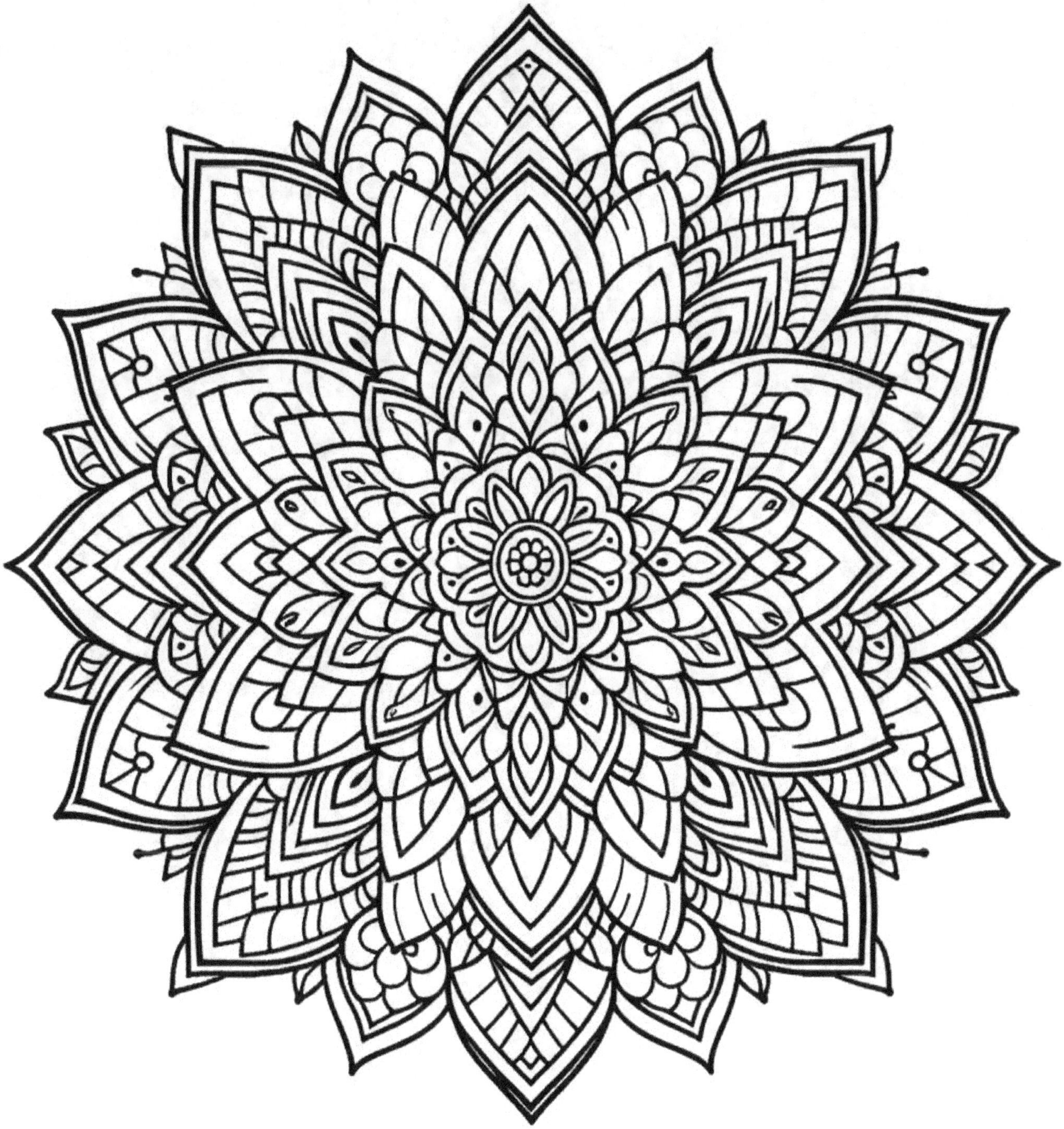

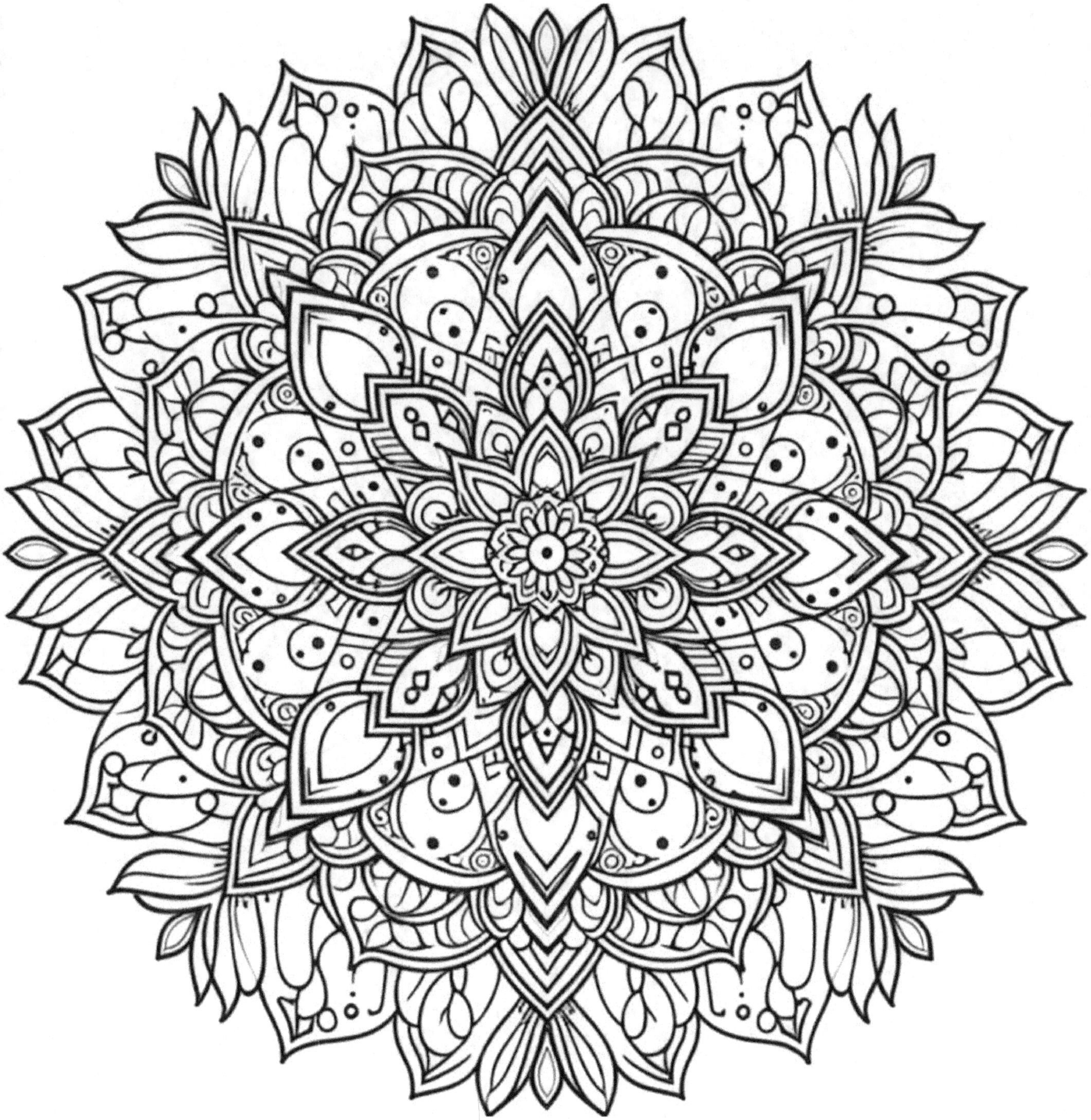

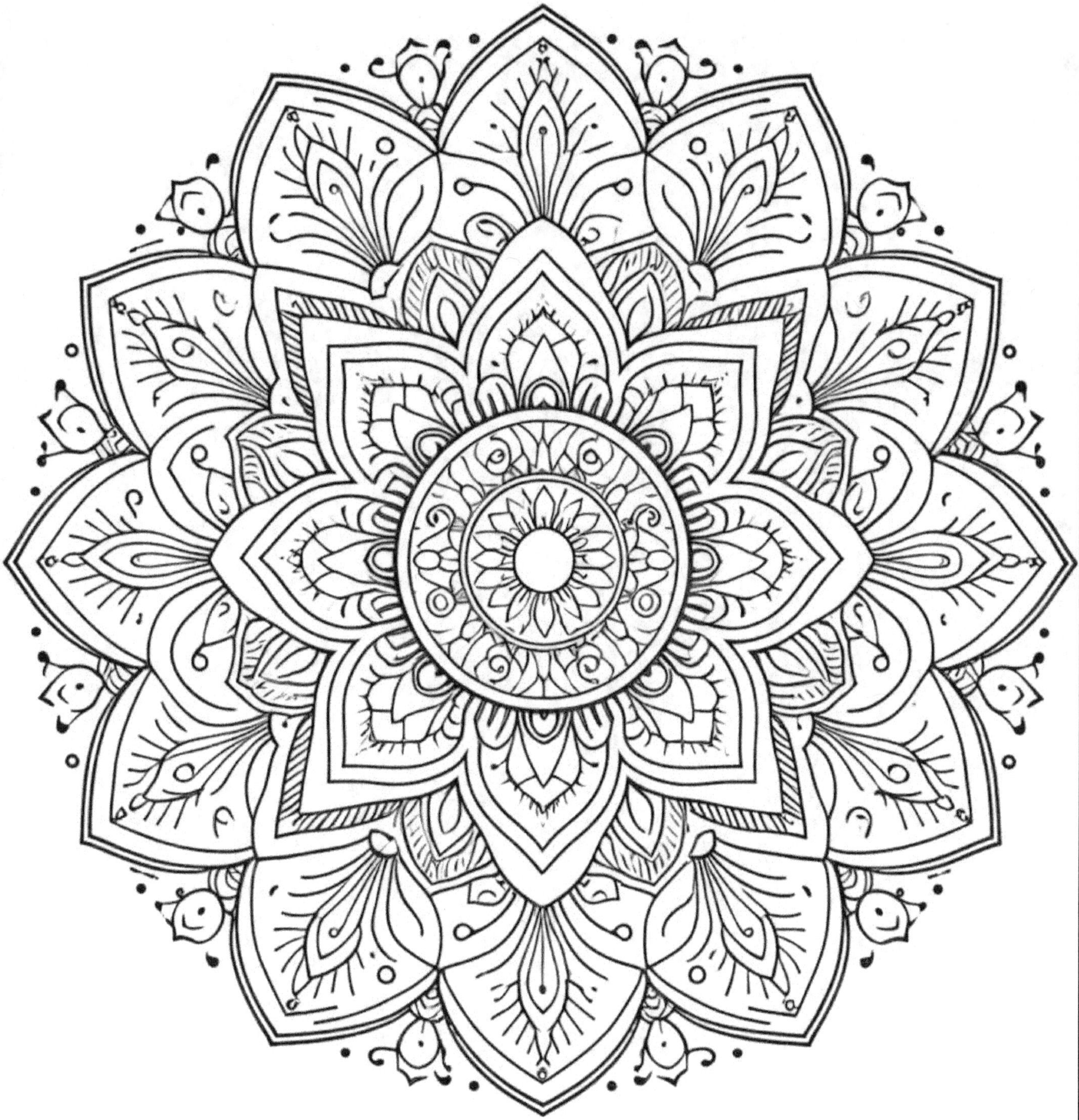

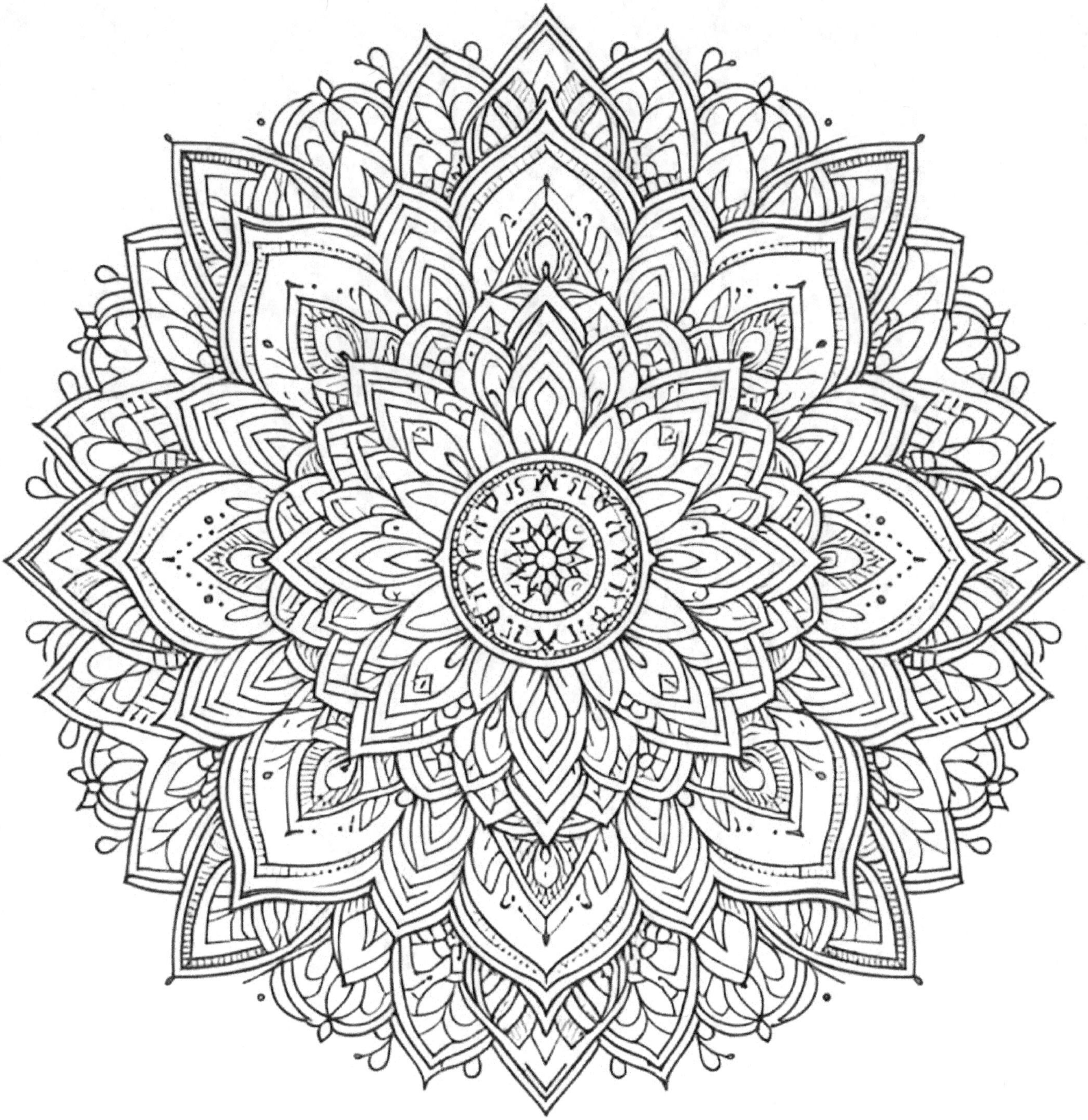

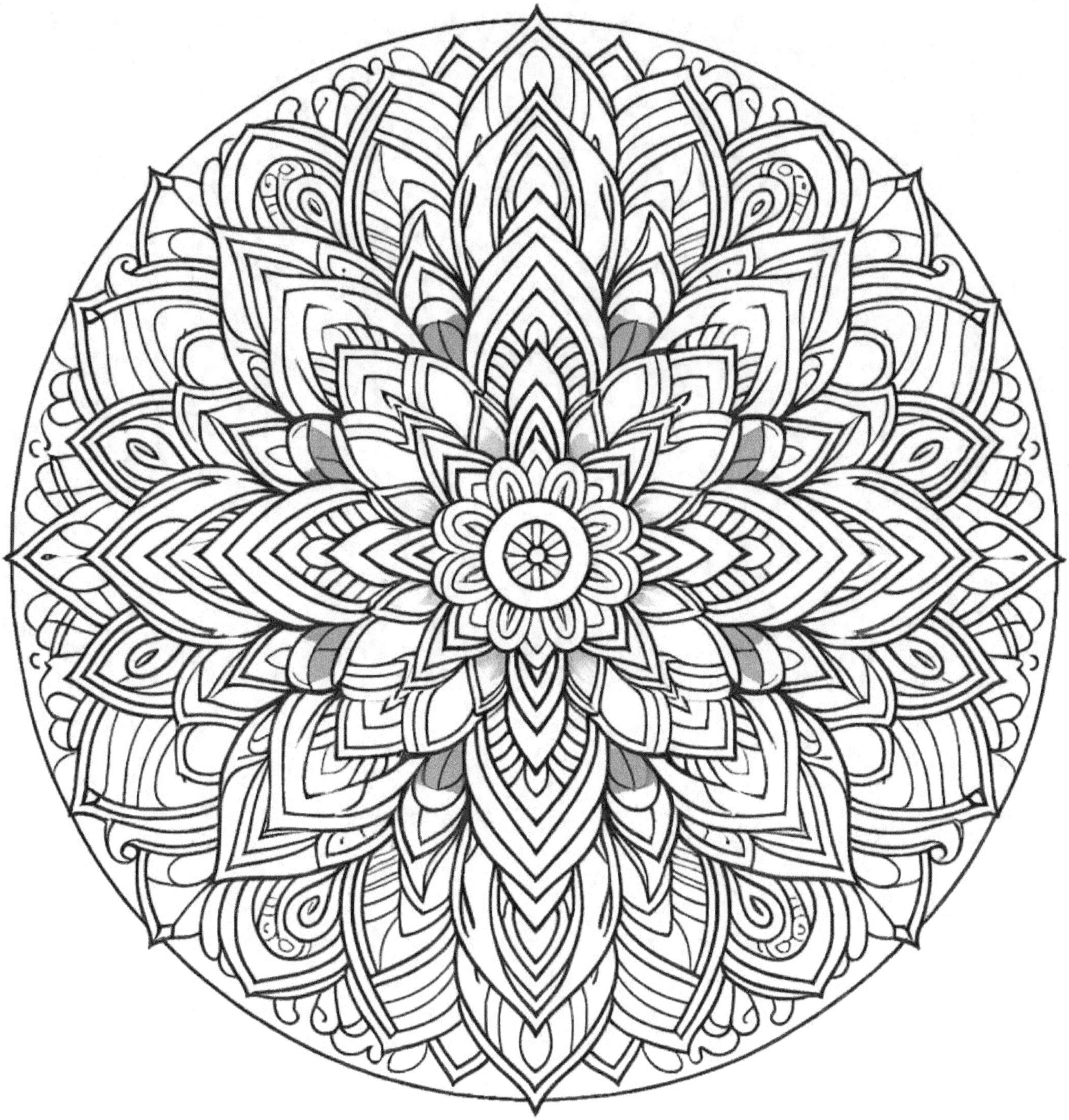

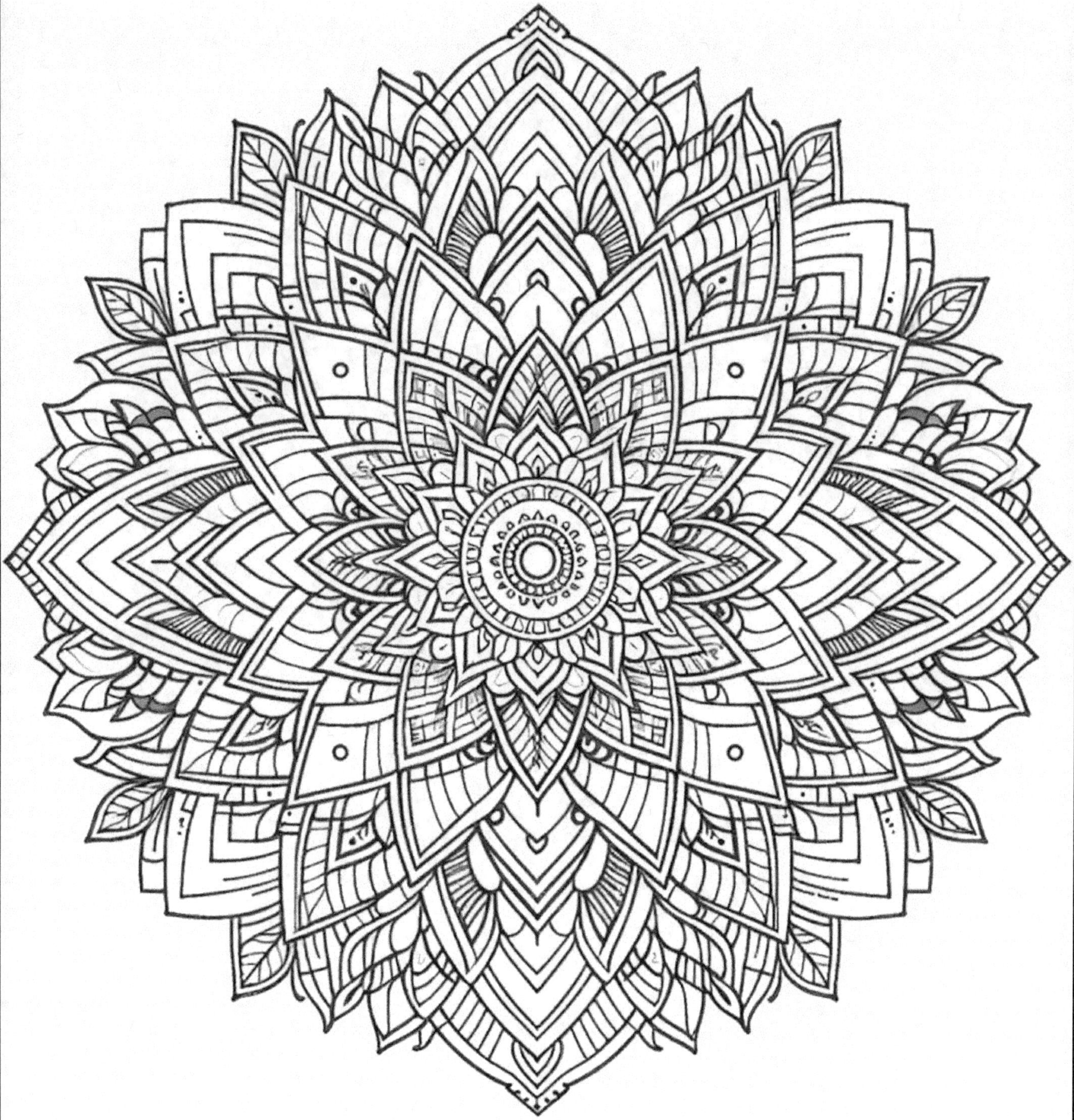

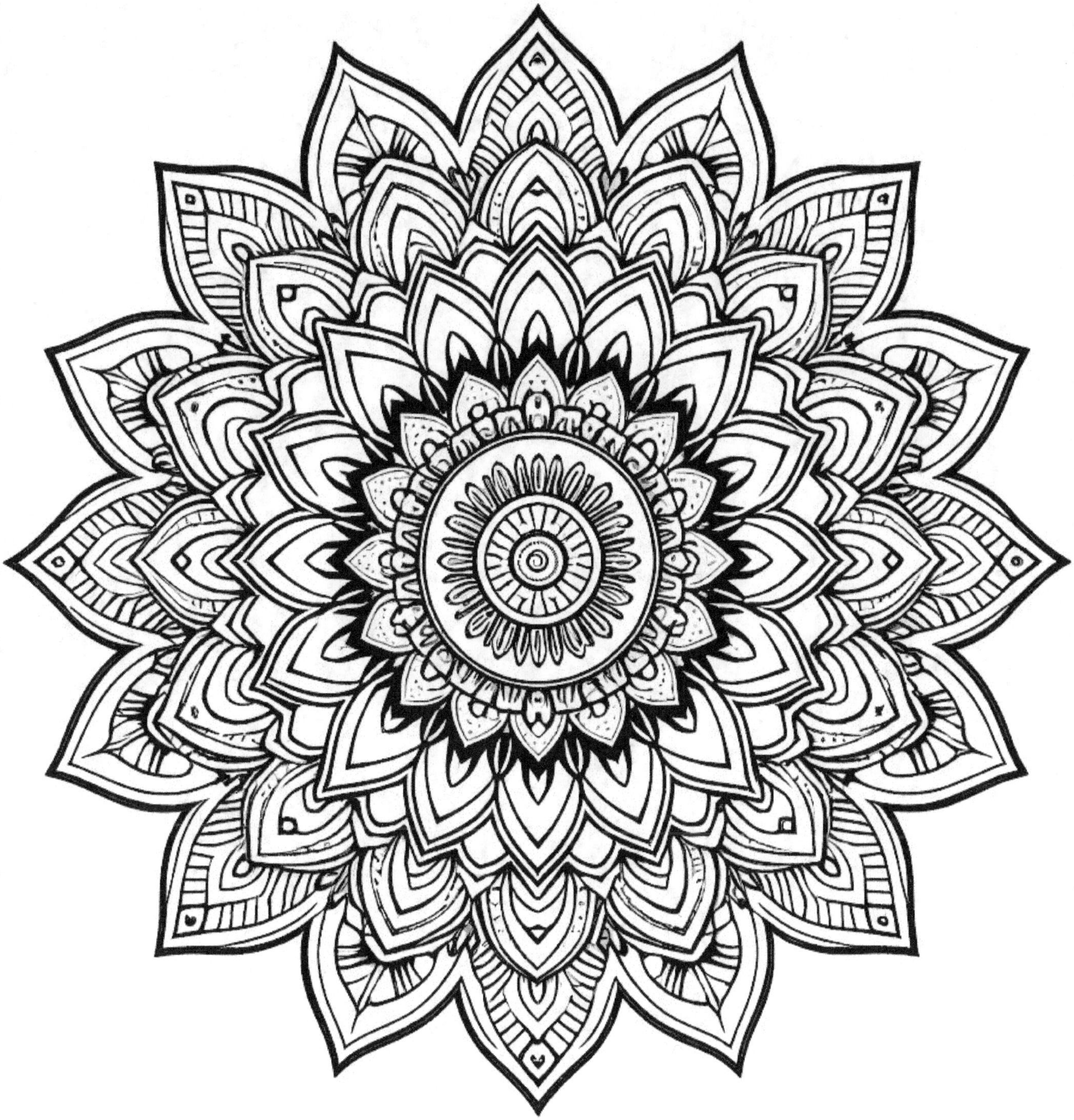

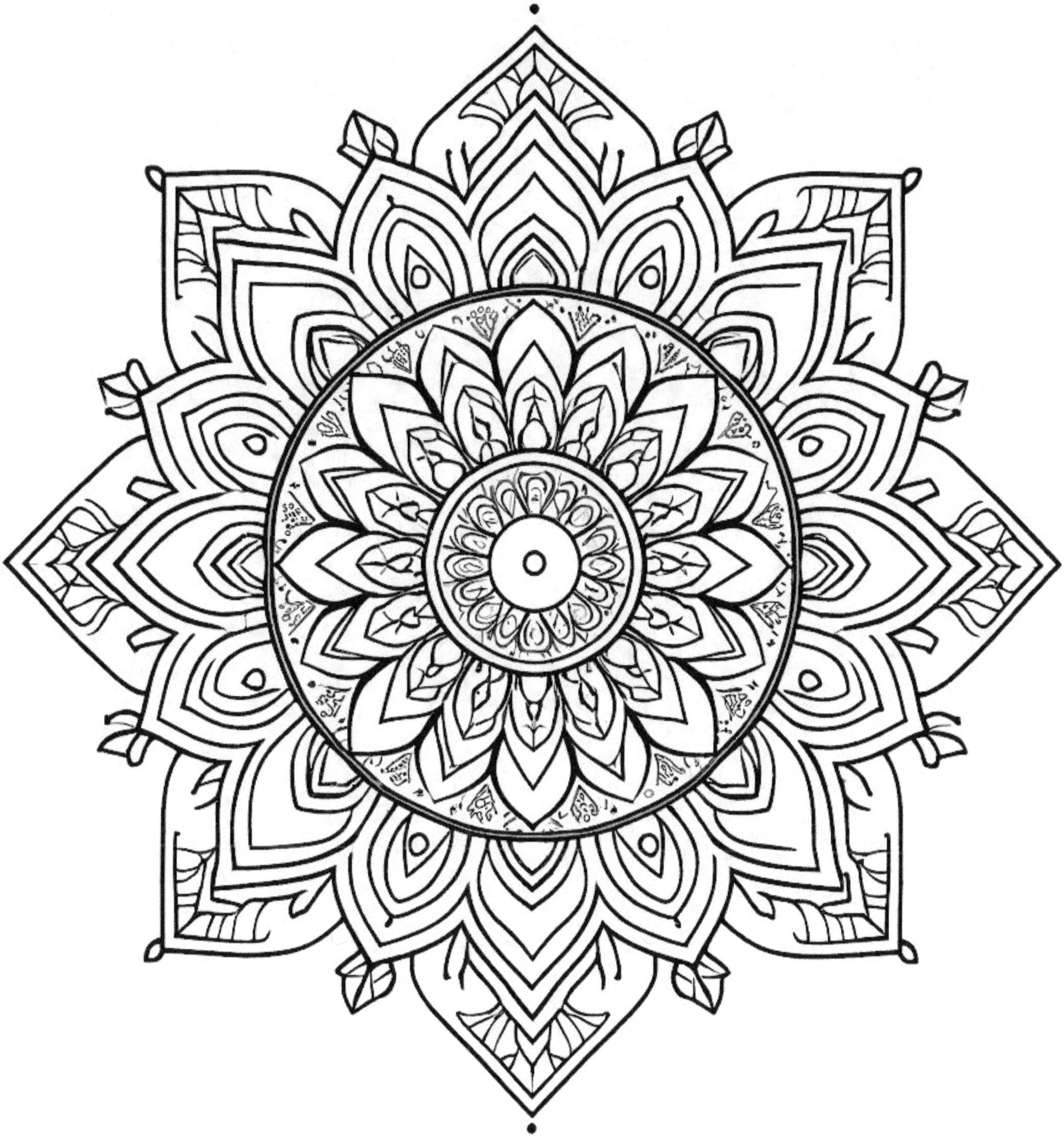

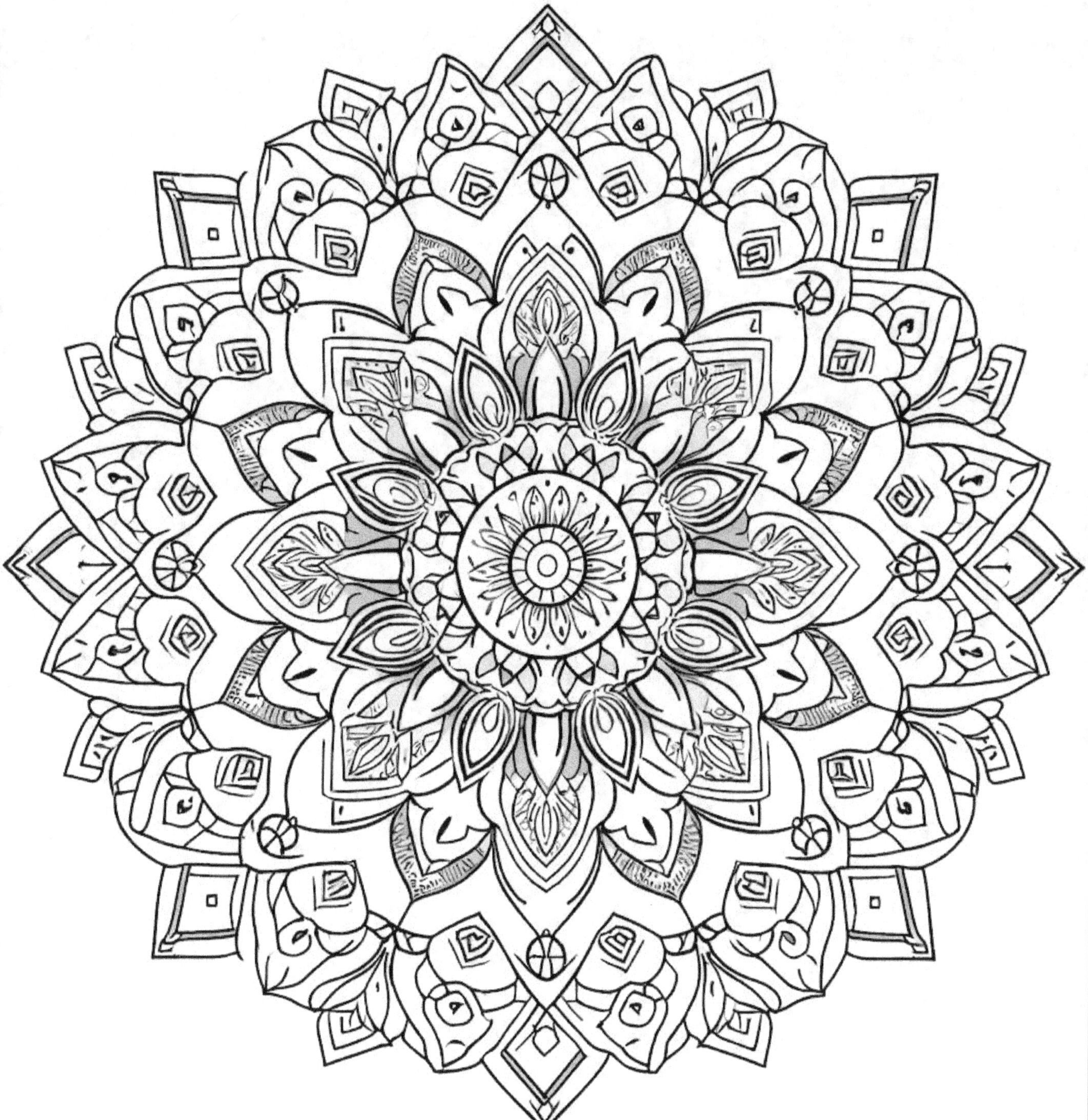

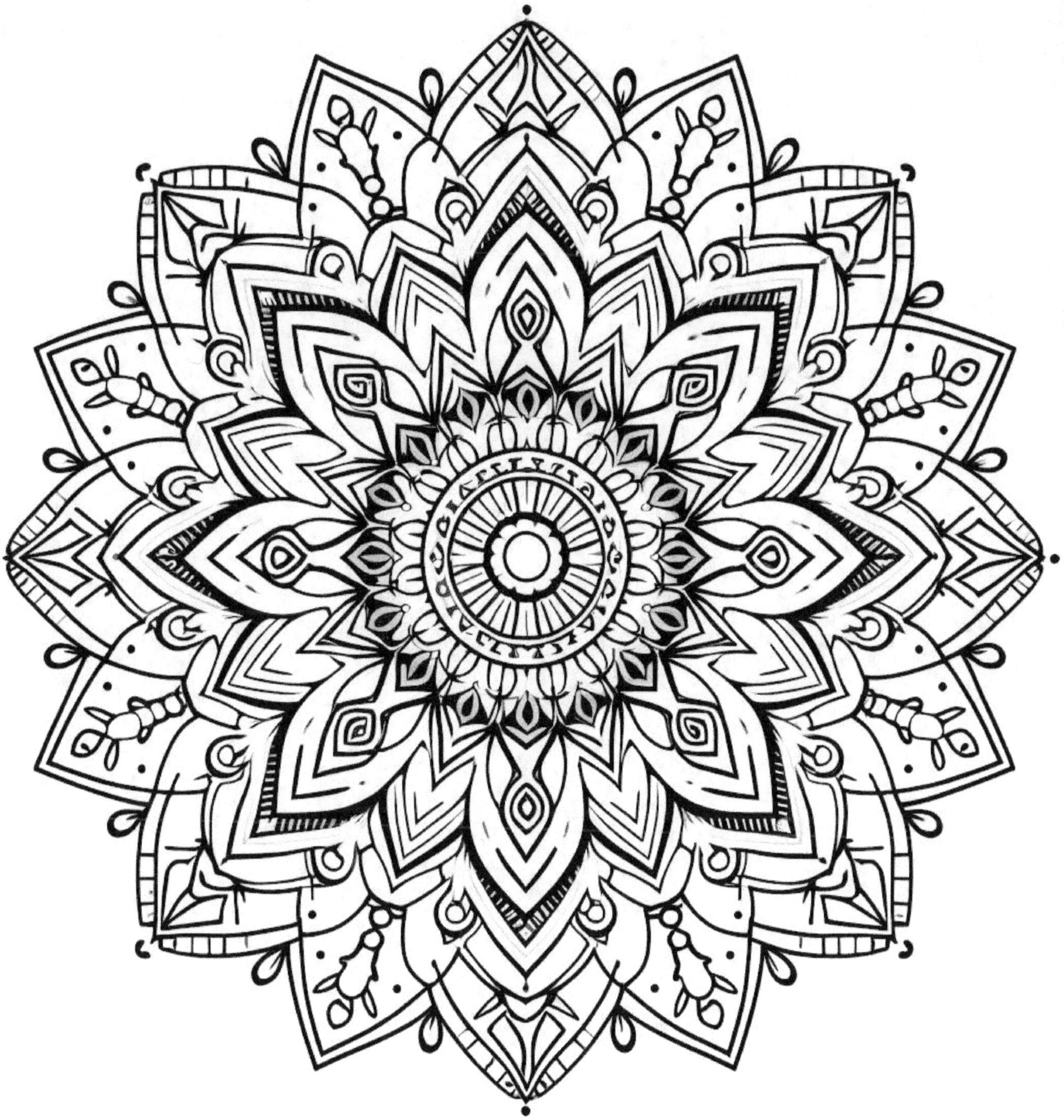

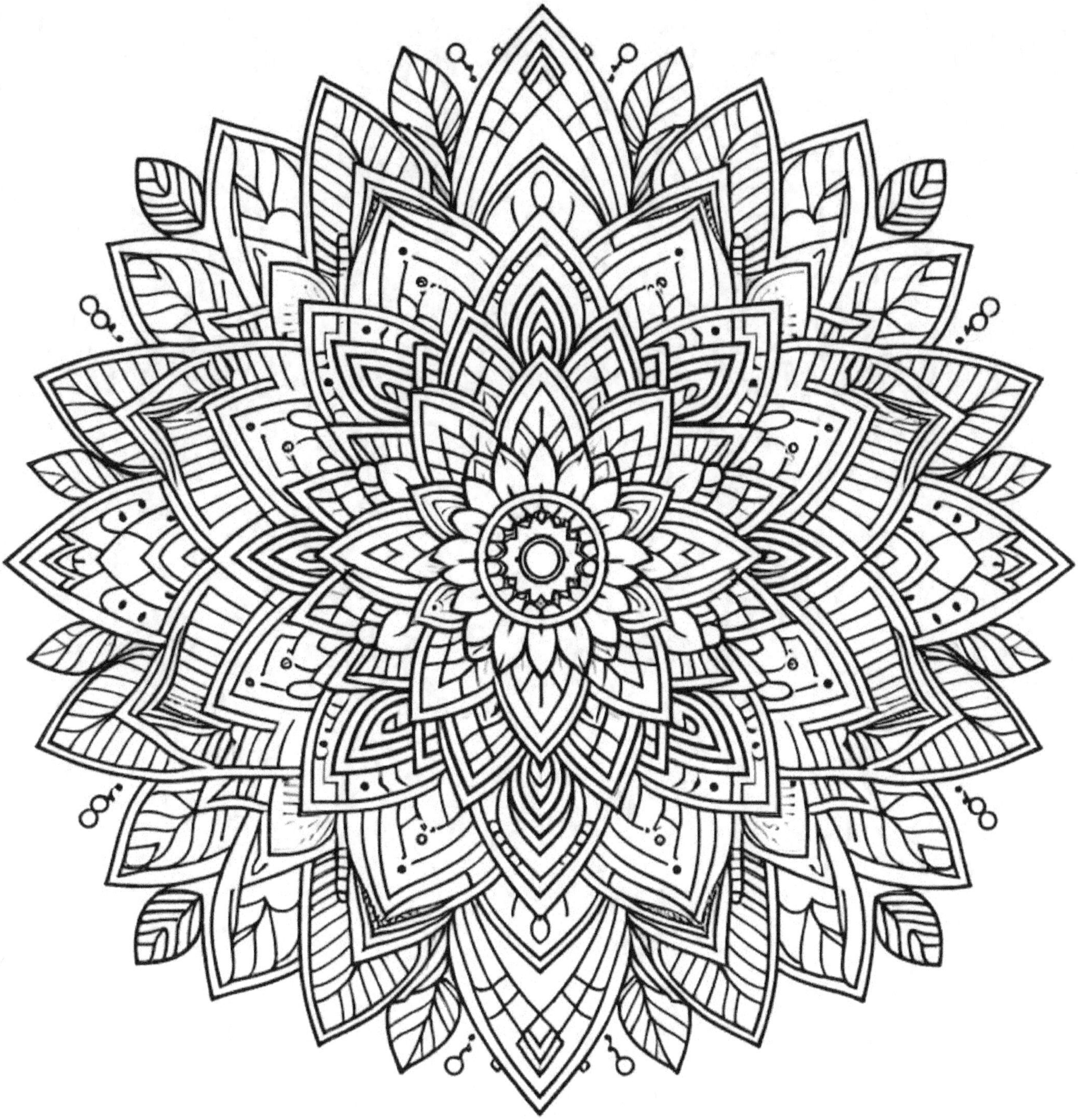

www.ingramcontent.com/pod-product-compliance
Lightning Source LLC
Chambersburg PA
CBHW082115220526
45472CB00009B/2181
* 9 7 9 8 3 2 7 8 2 4 9 5 9 *